国家通用语言文字生活口语系列教材

美好 3

朱学佳　主编
于　淼　王　磊　编著

北京语言大学出版社
BEIJING LANGUAGE AND CULTURE UNIVERSITY PRESS

图书在版编目（CIP）数据

美好．3 / 朱学佳主编；于淼，王磊编著．-- 北京：北京语言大学出版社，2021.2（2021.9 重印）
ISBN 978-7-5619-5821-6

Ⅰ．①美… Ⅱ．①朱… ②于… ③王… Ⅲ．①汉语－少数民族教育－教材 Ⅳ．① H19

中国版本图书馆 CIP 数据核字（2020）第 269069 号

美好 3

MEIHAO 3

排版制作：北京创艺涵文化发展有限公司
责任印制：邝 天

出版发行：北京语言大学出版社
社　　址：北京市海淀区学院路 15 号，100083
网　　址：www.blcup.com
电子信箱：service@blcup.com
电　　话：编辑部　8610-82303390
　　　　　发行部　8610-82303650/3591/3648
　　　　　北语书店　8610-82303653
　　　　　网购咨询　8610-82303908
印　　刷：北京印迪数码科技有限公司

版　　次：2021 年 2 月第 1 版　　印　　次：2021 年 9 月第 2 次印刷
开　　本：787 毫米 × 1092 毫米 1/16　　印　　张：14.875（含 11 张彩页）
字　　数：161 千字
定　　价：48.00 元

PRINTED IN CHINA

编写说明

语言是人类进行沟通表达的方式和工具，在社会生活中具有举足轻重的地位。我国幅员辽阔，人口众多，具有多民族、多语言、多方言、多文种等特点。推广普及国家通用语言文字是增进民族间、地区间交往，促进经济文化等各项事业发展的必要条件，是国家“十三五”规划的具体要求，也是提升国家文化软实力、助力脱贫攻坚的迫切需要。在这样的背景下，北京语言大学出版社专门为边疆地区群众策划开发了国家通用语言文字学习教材《美好》。教材名称意为为了更美好的生活、更美好的自己努力学习。“人民对美好生活的向往，就是我们的奋斗目标。”[①]

一、教材体例

《美好》系列教材共 4 册：

第 1 册主要学习家庭成员间的交际用语；

第 2 册主要学习庭院中的交际用语；

第 3 册主要学习庭院外、村镇内的交际用语；

第 4 册主要学习村镇外、城市里的交际用语。

学习内容由家庭逐渐走向更广阔的社会，符合城市化进程。词汇、语法、句型的难度逐册上升。每一册设有 10 个“美好知识窗”，注重对国情、传统文化、社会发展新面貌等内容的介绍。

每一册共 10 个单元，每个单元是一个大的话题。每个单元有 5 课，每课

① 摘自习近平《人民对美好生活的向往，就是我们的奋斗目标》（2012 年 11 月 15 日），载《十八大以来重要文献选编》（上），中央文献出版社，2014 年版。

是一个小的话题。每册共 50 课（第 1 册另有 5 个预备课，共 55 课）。按一周 3 课时的进度，每一册可学习约半年，4 册可供学习两年。

二、学习目标

学完第 1 册可进行基本的日常生活交流，能用国家通用语说出日常物品的名称，表述日常基本动作行为，可认读约 500 个字（会用手机打字），会写约 150 个字；

学完第 2 册可在家中接待来客，说出较复杂的语句，可认读约 800 个字，会写约 300 个字；

学完第 3 册可在村镇内进行社会交往，基本能无障碍地参与家庭周边的社会活动，可认读约 1200 个字，会写约 450 个字；

学完第 4 册可进行基本的城市社交活动，可认读约 1500 个字，会写约 600 个字。

三、教材特点

1. 学习重点以真实生活场景会话承载，即学即用。

课文中的会话内容会出现在生活中，学习者可以马上应用。如香皂、牙膏怎么说，洗脸、刷牙怎么说，土豆、白菜怎么说，等等。

2. 编排科学合理，符合语言学习规律。

内容从易到难；以模仿训练的形式学习语法；注重内容的复现，保证学习效果。

3. 教授语言的同时倡导文明、美好的生活方式及理念。

如：注重衣着搭配，男人应该多分担家务，教育孩子要自立，等等。这些内容渗透在课文主人公的行为中，学习者易于接受、模仿，在不知不觉中成为“更美好”的自己。

4. 注重国情知识和优秀传统文化的学习。

每一册每一个单元后专门设置了“美好知识窗”，介绍国情基本知识及优秀传统文化。第1册主要介绍国旗、国徽、国歌、首都北京等国家的基本知识，第2册主要介绍传统节日、二十四节气、孔子思想等优秀传统文化，第3册主要介绍长城、西湖、兵马俑等名胜古迹，第4册主要介绍高铁、“中国梦”、“一带一路”倡议等与我国发展现状相关的内容。

5. 图文并茂，易于理解；有配套课件，便于教学。

教材图文并茂，以帮助学习者理解学习内容。教材配有完整的课件，以辅助教师授课和学习者自学。

四、使用建议

《美好》的每个单元包括5课和1个“美好知识窗”。每课用1课时学习。每课包括“学词语”“学会话/学课文”“做练习”三个部分。对每一部分的处理方式建议如下：

1. 学词语

每一课都从课文中选取了一些词语，并提供两个例句供学习者体会词语的使用环境及学习常用搭配。

这一部分建议先让学习者听录音或者教师的示范朗读，然后教师领读词语，并解释词义，最后教师给出一个语境，要求学习者使用该词语说出句子，帮助他们在使用的过程中理解、记忆词语，并体会词语的语用特点。

2. 学会话/学课文

每个单元第1课到第4课这部分都是“学会话”，内容为多话轮对话，主要训练学习者的口语交际能力。教师可以先让学习者听录音或者教师的示范朗读，然后带领学习者朗读对话，并讲解对话的大意。教师可以提出一两个简单的问题，要求学习者根据对话内容作答，以检查理解情况。在完全理解对话的基础上，学习者两人一组分角色朗读对话。最后，教师要求学习者不看书，两人一组复述对话。

每个单元第 5 课这部分为“学课文”，内容为一段叙述体短文，是对前面 4 课内容的总结和概括，主要训练学习者的成段表达能力。教师同样是先让学习者听录音或者教师的示范朗读，然后带领学习者朗读短文，并讲解短文的大意。教师提出一两个简单的问题，要求学习者根据短文内容作答，以检查理解情况。在完全理解短文的基础上，学习者再朗读短文。最后，教师要求学习者不看书，复述短文内容。

3. 做练习

本套教材的练习较为丰富，可帮助学习者巩固学习效果。练习基本上包括以下几个部分：

（1）说一说

这部分练习由以下三种题目组成：

a. 根据情景完成会话

这类题目给出一个和本课主题相同或相似的情景，要求学习者根据设置好的情景用从本课学到的词语完成对话。这一部分主要考查学习者对本课主题交际语的运用情况。教师可以要求学习者重复练习，以增加记忆的强度，达到脱口而出的程度。

b. 完成会话

这类题目在本课词语中选取一些交际中常用的词语，要求学习者根据上下文用这些词语完成对话练习。这部分主要考查学习者对词语搭配的掌握情况。教师可以要求学习者给出更多答案，只要联系上下文答案合理即可。

c. 分角色表演

这一部分要让学习者都参与其中，每个人都有面对全班进行对话练习的机会，以增强学习者使用国家通用语言进行表达和交际的自信心。

（2）连一连

这部分练习以文字和拼音连线的形式呈现，主要训练学习者的认字能力。

教师可要求学习者先看拼音跟读，然后将拼音与相应的文字连接起来。最后学习者展示答案，教师进行订正，并指出文字在课文中的位置，以便学习者课后查看和复习。

（3）写一写

这部分练习主要训练学习者的写字能力。

每单元第 1 ～ 4 课从“学会话”部分选取了 3 个字，要求学习者仿写。选字的原则为：笔画简单，构词能力强，使用频率高。

每单元第 5 课用给词语标拼音和看拼音写字的方式考查学习者对本单元重点字词读音和书写的掌握情况，并要求学习者在生字本上写本单元的生字，进一步巩固学习者的写字能力。

（4）做一做

这部分练习是对学习者课下复习的一种指导，目的是增加学习者使用课上所学词语和对话的机会。题目要求学习者回到家后，跟家庭成员练习对话，并通过手机，将视频、图片和相应的文字发至班级群，以便学习者之间互相学习、互相鼓励、互相督促。

（5）读一读

这部分练习的内容由古诗、熟语、谜语、成语故事等组成。本册主要为成语故事。主要目的是增加学习者的语言储备，培养语感。学习者多读、多认，可以不断积累语感，而语感的增强可以帮助学习者更好地运用国家通用语言。

（6）答一答

每单元第 5 课最后设置的这部分练习是对本单元学习内容的综合性考查，目的是让学习者结合自己的生活实际，运用本单元所学词语和句子进行叙述性表达。和对话练习相比，这对学习者的要求又提升了一步。

4. 美好知识窗

这部分主要是为了让学习者增加对国情的认识，加深对祖国的情感，筑牢中华民族共同体意识。阅读这部分内容，也可增加对国家通用文字的认读量，增强学习者的字感，为后续学习奠定基础。此外，这部分内容也可以开阔学习者的视野，丰富学习者的知识。建议教师充分利用这部分内容对学习者进行爱国主义教育，并引导学习者观看相关图片、视频等资料，谈感想、体会等。

最后要特别提醒各位教师，《美好》掌握在您的手中，以上建议只是我们基于编写思路提出的一个参考，如何“因地制宜”地使用教材，还需要教师根据教学实际进行个性化的调整。我们衷心希望《美好》能够帮助学习者快速掌握与生活密切相关的国家通用语言，有效提高使用国家通用语言进行表达的能力，从而开启多彩的美好生活。

编者

2020 年 10 月

目　录

第 1 单元 串门儿

第 1 课 好久不见

第 1 课时

学词语

词语	拼音	例　　句
好久不见	hǎo jiǔ bú jiàn[①]	①嗨，好久不见。 ②我们已经好久不见了。
欢迎	huān yíng	①欢迎光临。 ②欢迎！欢迎！
请进	qǐng jìn	①快请进。 ②她热情地把张姐请进屋里。
那儿	nàr	①我的身份证怎么在你那儿？ ②昨天我去我妈那儿了，下午刚回来。
段	duàn	①我在老家住了一段时间。 ②这段时间我妈妈身体不太好。
刚	gāng	①孩子昨天刚从学校回来。 ②我刚买了一双鞋，你看看。
最近	zuì jìn	①最近我很忙。 ②最近天气不太好。
比……多了	bǐ…duō le	①哥哥比弟弟高多了。 ②今天比昨天冷多了。
以前	yǐ qián	①十二岁以前，他一直都很瘦（shòu）。 ②以前他住在这条街上，现在他搬（bān）走了。

① 为方便学习者学习，降低认读音节的难度，本书采取了按字注音的方式。

学会话

王丽家的门铃响了，是邻居张艳来了。

王　丽：谁呀？
张　艳：丽丽，是我。
王　丽：呦，是张姐，好久不见。欢迎欢迎，快请进。
张　艳：是啊，好久不见了。我在我妈那儿住了一段时间，昨天刚回来。
王　丽：阿姨身体最近怎么样？
张　艳：比以前好多了。
王　丽：那真不错。

做练习

一、说一说

1. 根据情景完成会话。

（门铃响了）

A：＿＿＿＿＿？

B：＿＿＿＿＿，老李。

A：是你啊，老李，快＿＿＿＿＿。

（和老朋友见面）

A：好久不见。

B：＿＿＿＿＿。你没变（biàn）啊，还是老样子。

2. 根据提示完成会话。

A：你去哪儿了？

B：我去________那儿了。

我妈	张姐	村主任	老师

A：最近________怎么样？

B：比以前________多了。

身体　好	学习　好	孩子　听话	天气　冷

3. 请和你的同学一起到教室前面表演前两题的对话。

二、连一连

段	zuì jìn
刚	yǐ qián
以前	qǐng jìn
最近	duàn
请进	gāng

三、写一写

请

以

近

四、做一做

1. 回家后请和家人模拟课文进行练习，并拍下视频发到班级群里。
2. 在手机上编辑文字“好久不见”发到班级群里。
3. 在写字本上写本课生字。

五、读一读

孟母三迁

孟子是我国古代思想家。孟子三岁那年父亲就去世了。孟子小时候，母亲带着他住在墓地附近，孟子常看到出殡（bìn）的场面，孟母怕影响他学习，就把家搬迁到了集市附近。在集市，孟子又常看到卖东西的场面，孟母觉得还是不行，就把家搬到一所学堂附近。这次，孟子每天看到的是读书郎，慢慢也喜欢上了读书。于是，孟母就决定不再搬家了。

【孟母三迁】迁：迁移。比喻注重选择良好的学习环境。

扫一扫，听录音

第 1 单元 串门儿

第 2 课 您喝点儿什么

第 2 课时

学词语

词语	拼音	例　　句
上好	shàng hǎo	①我给你准备了上好的茶叶。 ②我们店选用的都是上好的咖啡豆。
千万	qiān wàn	①雷雨天千万不要在树下。 ②你千万要记住我跟你说的话。
聊天儿	liáo tiānr	①有时间吗？咱俩聊聊天儿吧。 ②我最喜欢和好朋友一起聊天儿。
泡	pào	①我给你泡杯茶。 ②把这些脏衣服泡一泡。
味道	wèi dào	①菜的味道不错。 ②你尝尝，味道怎么样？
……极了	…jí le	①这个西瓜甜极了。 ②这个办法好极了。
气色	qì sè	①他的气色比以前好多了。 ②你今天气色不太好，是不是病了？
越来越……	yuè lái yuè…	①他的字写得越来越好。 ②莎莎，你越来越漂亮了。
心情	xīn qíng	①祝你心情愉快！ ②她今天心情不好，让她放松一下。
串门儿	chuàn ménr	①有时间来串门儿啊！ ②我去丽丽家串个门儿。

学会话

张艳来邻居王丽家串门儿。

王　丽：张姐，您喝点儿什么？我这儿有上好的龙井。

张　艳：千万别客气，咱俩聊聊天儿就行。

王　丽：我给您沏一杯尝尝，味道好极了。

张　艳：那谢谢你啦。丽丽，我看你气色越来越好了。

王　丽：我呀，天天喝茶，喝茶对身体好。您气色也不错啊。

张　艳：我妈妈的身体好转以后，我的心情也比以前好多了。

王　丽：以后您心情不好了就来我这儿串串门儿，咱俩聊聊天儿就好了。

张　艳：没问题。

做练习

一、说一说

1. 根据情景完成会话。

（和客人在聊天儿）

A：你__________？我这儿有上好的__________。

B：那就来一杯吧，谢谢。

（和老朋友见面）

A：你的气色________________。

B：谢谢。你也是啊。

2. 根据提示完成会话。

A：________________怎么样？

B：________极了！

喝茶　好	这个菜　好吃	游戏　好玩儿	这本书　好看

A：我觉得________越来越________了。

B：谢谢。

你　漂亮	你的发音　标准	你的身材　苗（miáo）条	生活　方便

3. 请和你的同学一起到教室前面表演前两题的对话。

二、连一连

越	liáo tiānr
气色	wèi dào
千万	xīn qíng
味道	yuè
心情	qì sè
聊天儿	qiān wàn

三、写一写

极

越

情

四、做一做

1. 回家后请和家人模拟课文进行练习，并拍下视频发到班级群里。
2. 在手机上编辑文字“气色越来越好了”发到班级群里。
3. 在写字本上写本课生字。

扫一扫，听录音

五、读一读

捉襟（jīn）见肘（zhǒu）

孔子有一个弟子叫曾（zēng）参（shēn）。曾参在卫国的时候过着非常艰苦的生活。他的帽子太旧了，整一整帽子，系帽子的带子就断了；衣服也太破了，整一整衣襟，胳膊肘就露出来了；一穿鞋，鞋后跟就裂开了。虽然这么穷困，但曾参并不忧愁，相反，他很乐观，时常拖着破旧的鞋子散步，边走边唱。曾参就这样过着自由自在的生活，天子请他做官他也不做，诸侯想结识他，也被他拒绝了。他不爱名利、富贵，不修边幅，是个超凡脱俗的高人。庄子说，注意培养心志的人会忘掉形体，注意养身的人会忘掉利禄，而致力大道的人会忘掉心机。

【捉襟见肘】捉襟：整理衣襟。见：露出。整一整衣襟，就露出了胳膊肘。形容衣服破烂，生活穷困。也比喻顾此失彼，困难重重，应付不过来。

第 1 单元 串门儿

第 3 课 尝尝我腌的咸菜

第 3 课时

学词语

词语	拼音	例句
换鞋	huàn xié	①我换一下鞋。 ②从外面回到家后要先换鞋。
不用	bú yòng	①不用客气。 ②不用给我回电话了。
永远	yǒng yuǎn	①我永远爱我的祖国。 ②他永远都是一副笑眯眯的样子。
整洁	zhěng jié	①她把家收拾得很整洁。 ②要保持公共场所干净整洁。
客随主便	kè suí zhǔ biàn	①我是客随主便，听你们的。 ②我们客随主便，让主人决定吧。
瞧	qiáo	①你去厨房瞧一下水开了没有。 ②他东瞧瞧，西看看，不知往哪儿走。
腌	yān	①我想把这些萝卜腌起来。 ②这些菜再腌一段时间就可以吃了。
咸菜	xián cài	①咸菜配着粥吃，真不错。 ②咸菜吃多了对身体不好。
次	cì	①这次我请客。 ②下次带你的孩子来玩儿。

学会话

王丽到邻居张艳家做客。

张　艳：丽丽，快请进。

王　丽：张姐，我换一下鞋。我穿哪双拖鞋？

张　艳：不用换，丽丽，快进来吧。

王　丽：您家永远都这么干净整洁，我客随主便嘛。

张　艳：瞧你客气得。

王　丽：张姐，这是我自己腌的咸菜，给您拿来些，你们尝尝。

张　艳：上次你给我的腌大蒜还没吃完呢。谢谢啦。

做练习

一、说一说

1. 根据情景完成会话。

（去别人家做客）

A：我________一下鞋。我穿哪双？

B：这双就可以。

（去别人家做客）

A：您喝点儿什么？

B：不要麻烦，您喝什么，我喝什么，____________嘛。

2. 根据提示完成会话。

A：我________一下。

B：你不用________。

换	看	去	写

3. 请和你的同学一起到教室前面表演前两题的对话。

二、连一连

次	huàn xié
瞧	bú yòng
不用	qiáo
永远	yǒng yuǎn
换鞋	cì

三、写一写

用

永

次

四、做一做

1. 回家后请和家人模拟课文进行练习，并拍下视频发到班级群里。

2. 在手机上编辑文字“我换一下鞋”发到班级群里。

3. 在写字本上写本课生字。

五、读一读

熟能生巧

宋代有个人叫陈尧（yáo）咨（zī），擅长射箭。有一天，他一箭射断了一根细树枝，为此非常得意。这时，旁边一个卖油的老大爷把一枚（méi）铜钱放到油葫芦口上，舀（yǎo）了一勺油从高高的地方往下倒，油从铜币的小孔里穿过，一滴不洒地倒进油葫芦里去了。陈尧咨非常惊讶，老大爷说："不过是熟能生巧而已。"

【熟能生巧】指做事熟练了就会掌握窍（qiào）门。

扫一扫，听录音

第 1 单元 串门儿

第 4 课 今天多有打扰

第 4 课时

学词语

词语	拼音	例　　句
手艺	shǒu yì	①尝尝我的手艺。 ②你的手艺真不错。
口福	kǒu fú	①我们今天真是大饱口福！ ②我今天有口福了，吃到了你做的菜。
过奖	guò jiǎng	①您过奖了！ ②过奖，过奖！
打扰	dǎ rǎo	①对不起，打扰一下。 ②今天多有打扰，抱歉。
玉米	yù mǐ	①这是我家种的玉米。 ②这片玉米地都是我家的。
又……又……	yòu…yòu…	①这个孩子又聪明又漂亮。 ②我们这儿的西瓜又大又甜。
嫩	nèn	①春天的小草嫩嫩的。 ②这个季节的豆角很嫩。
慢走	màn zǒu	①请慢走。 ②您慢走。
留步	liú bù	①请留步。 ②请您留步，请回吧。

学会话

王丽到邻居张艳家做客，要离开了……

王　丽：张姐，您的手艺真不错，我今天真是大饱口福了！

张　艳：过奖了。以后常来啊，我还给你做。

王　丽：太好了！张姐，时间不早了，我该回去了。今天多有打扰。

张　艳：丽丽，请稍等。这是我家种的玉米，你带回去给孩子们煮一些尝尝。

王　丽：这玉米又大又嫩，孩子们也有口福了。谢谢张姐。

张　艳：别客气。下次再来。慢走。

王　丽：再见。请留步。

做练习

一、说一说

1. 根据情景完成会话。

（去别人家吃饭）

A：您的________真好，菜做得真好吃，我们都________。

B：________了，我还差得远呢。

（去别人家做客，要走了）

A：时间________，我们该走了。

B：还早呢，再坐一会儿嘛。

A：不了，今天多有________。

B：哪里哪里。

2. 根据提示完成会话。

A：这________又________又________。

B：可不是嘛！

苹果　大　红	屋子　干净　整洁	孩子　聪明　可爱	路　宽　平

3. 请和你的同学一起到教室前面表演前两题的对话。

二、连一连

手艺	liú bù
口福	dǎ rǎo
慢走	shǒu yì
留步	kǒu fú
打扰	màn zǒu

三、写一写

艺

福

步

四、做一做

1. 回家后请和家人模拟课文进行练习，并拍下视频发到班级群里。
2. 请用手机编辑文字“时间不早了，我该回去了”发到班级群里。
3. 在写字本上写本课生字。

五、读一读

爱屋及乌

从前，周武王带着军队打败了纣（zhòu）王，并抓来了纣王的很多士兵。周武王把姜太公、召（shào）公和周公等人叫到跟前，问他们怎么对待这些士兵。姜太公说：“如果喜欢一个人，就连他屋上的乌鸦也要喜欢；如果不喜欢那个人，就把他周围的人也一起杀掉。”召公说：“有罪的就杀掉，没有罪的就不杀。”周公说：“应该让这些士兵都有安定的住所，有稳定的工作。凡是讲仁义的人都应该与他们和睦（mù）相处。”周武王完全同意周公的建议，于是把抓来的士兵都放回家种地了。从此以后，周武王非常热爱自己国家的人民，国家也变得越来越安定和强大。

【爱屋及乌】因为爱一个人而连带爱他屋上的乌鸦。比喻爱一个人而连带地关心到与他有关的人或物。

扫一扫，听录音

第 1 单元 串门儿

第 5 课 没事多走动

第 5 课时

学词语

词语	拼音	例句
邻居	lín jū	①我们俩是邻居。 ②孩子在邻居家玩儿。
关系	guān xì	①他和小张的关系特别好。 ②这件事和你有什么关系?
姐妹	jiě mèi	①她们姐妹俩互相照顾。 ②她们姐妹俩考上了同一所大学。
常事	cháng shì	①这都是常事，不奇怪。 ②我们这儿夏天下暴雨是常事。
收拾	shōu shi	①你把房间收拾一下。 ②赶快收拾一下行李，我们一个小时后出发。
热情	rè qíng	①张姐是个很热情的人。 ②她热情地跟我说:“欢迎欢迎。”
走动	zǒu dòng	①我们两家经常走动，关系很好。 ②没事走动走动，慢慢地就会成为朋友。
亲近	qīn jìn	①我们两家是多年的邻居，关系非常亲近。 ②我从小跟着奶奶长大，所以跟她特别亲近。

学课文

我和张姐做邻居已经两年多了，我们关系好得就跟姐妹一样。她来我家串个门儿，我去她家吃个饭，这都是常事。张姐做饭很好吃，家里也收拾得干净整洁。她人也很热情，经常跟我说“没事多走动”。是啊，邻居互相走动才能更亲近。

做练习

一、说一说

1. 完成会话。

（门铃响了）

A：________？

B：________，丽丽。

A：是你啊，丽丽，快________。

（去别人家做客）

A：饮料要加冰吗？

B：加不加都可以，我跟您一样，________________嘛。

（去别人家做客，要走了）

A：时间不早了，我们________。

B：还早呢，再坐一会儿嘛。

A：不了，今天多有________。

B：哪里哪里。

（夸赞对方）

A：我觉得你越来越________了。

B：谢谢。

（描述家乡）

A：我们这儿的________又________又________。

B：可不是嘛！

2. 和同学一起用学过的内容编一段关于串门儿的对话（不少于 2 分钟），并到教室前面表演。

二、写一写

1. 给下列词语标拼音。

（　　　）	（　　　）	（　　　）	（　　　）
好久不见	欢迎	最近	聊天儿
（　　　）	（　　　）	（　　　）	（　　　）
客随主便	气色	留步	过奖

2. 看拼音写字。

yǐ	qiān	qǐng	qíng
（　　）前	（　　）万	（　　）进	心（　　）

yǒng　　　　　　yòng　　　　　　yì　　　　　　fú

(　　　)远　　不(　　　)　　手(　　　)　　口(　　　)

3. 在写字本上写本单元的生字。

三、答一答

1. 平时你和邻居走动得多吗？
2. 你去邻居家一般是去做什么？邻居来你家一般是做什么？
3. 你去别人家吃过饭吗？怎么评价别人做的菜？
4. 你去别人家时带礼物吗？一般带什么？
5. 请举一个你“客随主便”的例子。

扫一扫，听录音

美好知识窗

长　城

长城始建于春秋战国时期，延续不断地修筑了 2000 多年，分布于我国北部和中部的广大土地上，是我国也是世界上修建时间最长、工程量最大的一项古代防御（yù）工程。因长城东西绵延上万里，因此又称“万里长城”。今天所说的万里长城多指明代修建的长城，所称长城的长度，指的也是明长城的长度。明长城西起嘉峪关，东至鸭绿江畔，是保存得比较完整的长城。八达岭长城位于北京延庆，是明长城最具代表性的一段，是明代重要的军事关隘和首都北京的重要屏障，是万里长城的精华。长城修建之时没有任何机械，建筑材料全靠人工搬运，艰难程度可想而知。长城不仅是我国古代人民智慧的结晶，也是中华民族的象征。

长城 1961 年被列入第一批全国重点文物保护单位名单，1987 年被列入《世界遗产名录》。

第 2 单元 邻里之间

第 1 课 好借好还

第 1 课时

学词语

词语	拼音	例句
借	jiè	①这本书能借给我看看吗? ②借你的手机用一下，可以吗?
根	gēn	①做这个菜需要两根黄瓜。 ②这根绳（shéng）子是张姐家的。
有的是	yǒu de shì	①家里的米有的是，不用买。 ②这次失败了没关系，以后有的是机会。
突然	tū rán	①大家正在上课，他突然站了起来。 ②刚才还好好的，现在突然下起了大雨。
够	gòu	①这些水不够一天喝。 ②两个菜够吃了，不用再做了。
缺	quē	①你还缺什么?请告诉我。 ②现在生活好了，什么都不缺了。
全	quán	①这家店的东西很全，什么都有。 ②这套书一共有二十本，我这里不全了，只有十八本。
……着呢	…zhe ne	①我好着呢，您别担心。 ②学校远着呢，骑车去吧。
其他	qí tā	①还需要其他的吗? ②这两个菜是李刚做的，其他的都是我做的。

词语	拼音	例 句
还	huán	①我借给他的二百元，他还没还我。 ②这是上周从你这儿借的书，还给你。谢谢。
多亏	duō kuī	①这次多亏了你，谢谢你啊。 ②今天多亏了他，不然我就回不了家了。
救急	jiù jí	①谢谢你救了我的急。 ②快救救他的急，帮他想想办法。

学会话

中午，邻居张艳来到王丽家。

张　艳：丽丽，你家有没有葱？能借给我两根吗？

王　丽：有的是！张姐，你多拿几根。

张　艳：两根就可以了。家里来客人了，我正炒菜呢，突然发现葱不够了。

王　丽：还缺什么？我这儿都全着呢。

张　艳：其他不缺了，谢谢。我先走了。

……

张　艳：丽丽，这是我下午新买的葱，还给你。今天多亏了你的葱，救了我的急。

王　丽：张姐，你太客气了，不用还了。

张　艳：好借好还，再借不难嘛！

做练习

一、说一说

1. 根据情景完成会话。

（去邻居家借椅子）

A：________？家里来客人，________。

B：需要几把？我给您送去。

A：两把。谢谢。

（去邻居家还椅子）

A：________，________，太谢谢了！

B：________，有什么需要再来。

2. 根据提示完成会话。

A：我能借一下你的________吗？

B：没问题。

雨伞	2B铅笔	手机	充（chōng）电宝

3. 请和你的同学一起到教室前面表演前两题的对话。

二、连一连

借	huán
够	jiù
还	quán
全	jiè
救	gòu

三、写一写

借

够

全

四、做一做

1. 回家后请和家人模拟课文进行练习，并拍下视频发到班级群里。
2. 请用手机编辑文字“你家有没有……？能借给我吗？”发到班级群里。
3. 在写字本上写本课生字。

扫一扫，听录音

五、读一读

退避（bì）三舍（shè）

春秋时期，晋国内乱。晋国公子重耳逃到楚国，楚成王待他很好。当楚成王问他以后如何报答时，重耳说：“如果我当上国君，要是你我两国发生战争，我就退兵九十里来报恩。”后来，重耳真的成了晋国国君，称晋文公。不久，楚晋两国也真的发生了战争，重耳履行了自己的承诺。

【退避三舍】舍：古代行军三十里为一舍。比喻退让和回避，以免发生冲突。

第 2 单元 邻里之间

第 2 课 给您添麻烦了

第 2 课时

学词语

词语	拼音	例 句
麻烦	má fan	①麻烦您让一下，我过去。 ②不好意思，又来麻烦你了。
尽管	jǐn guǎn	①有什么事，尽管告诉我。 ②有问题尽管给我打电话。
照看	zhào kàn	①你家老二谁照看呢？ ②孩子都是爷爷奶奶在照看。
趟	tàng	①我出去一趟。 ②昨天我去了一趟县城。
交	jiāo	①这件事就交给我吧。 ②请把这本书交给老师。
游戏	yóu xì	①我们一起做个游戏吧。 ②他很喜欢玩儿手机游戏。
添	tiān	①给您添麻烦了。 ②一斤不够，再添点儿。
不好意思	bù hǎo yì si	①真不好意思，我有事，去不了。 ②不好意思，我能用一下你的充电宝吗？

学会话

李刚带着儿子亮亮在邻居张艳家门口。

李　刚：张姐，有点儿事得麻烦您一下。

张　艳：小李，有什么事尽管说，别客气。

李　刚：丽丽不在家，我有点儿急事要出去一趟，想请您帮忙照看一下亮亮。不知道您有没有空儿。

张　艳：我有时间，把亮亮交给我吧。（对着亮亮）阿姨最喜欢和亮亮玩儿了，对吧亮亮？

亮　亮：太棒了！我又可以和阿姨玩儿游戏了！

李　刚：张姐，给您添麻烦了，真不好意思。

张　艳：瞧你说得！

做练习

一、说一说

1. 根据情景完成会话。

（去邻居家）

A：我有点儿事__________。

B：别客气，有什么事__________。

（去朋友家）

A：我想请你帮忙____________________，可以吗？

B：可以，这事就__________给我吧。

2. 根据提示完成会话。

A：我想去一趟_________。
B：什么时候回来？

县城	村委会	乌鲁木齐	北京

A：把_________交给我吧。
B：那太谢谢了！

孩子	工作	这件事	做饭的事

3. 请和你的同学一起到教室前面表演前两题的对话。

二、连一连

添	tiān
麻烦	yóu xì
尽管	má fan
照看	zhào kàn
游戏	jǐn guǎn

三、写一写

麻

尽

交

四、做一做

1. 回家后请和家人模拟课文进行练习，并拍下视频发到班级群里。
2. 请用手机编辑文字“给您添麻烦了”发到班级群里。
3. 在写字本上写本课生字。

五、读一读

以德报怨（yuàn）

战国时期，魏国和楚国交界处住着两国的村民，他们都喜欢种瓜。由于雨水少，瓜苗长得很慢。魏国村民就自己挑水浇瓜，而楚国一些村民晚上偷偷到他们的瓜地里去踩瓜秧。魏国村民非常气愤，打算报复。这时，魏国有个叫宋就的人建议：“你们每天去帮楚国人浇瓜，自己就会看到结果。”

楚国村民发现魏国村民不但不记恨，反倒帮他们浇瓜，很惭愧。这件事被楚王知道了，楚王原来想出兵魏国，但听了此事，深受触动，于是，主动与魏国和好，还送去了很多礼物。

【以德报怨】拿恩惠报答仇恨。形容对人宽容，不仅不记仇，反而给以好处。

扫一扫，听录音

第 2 单元 邻里之间

第 3 课 我去您那儿看看

第 3 课时

学词语

词语	拼音	例　句
图像	tú xiàng	①电视没有图像了。 ②电视图像不清楚。
怎么回事	zěn me huí shì	①我也不知道是怎么回事。 ②怎么回事？孩子怎么又肚子疼了？
记得	jì de	①我记得把钱放到抽屉里了。 ②你记不记得把钱放到哪儿了？
接触	jiē chù	①电线接触不良，灯总是闪（shǎn）。 ②我没有接触过这样的人，不太了解。
显示屏	xiǎn shì píng	①手机显示屏碎了。 ②电脑显示屏需要换一个。
正常	zhèng cháng	①这几天气温有点儿不正常，忽高忽低。 ②发生这样的事很正常，你不要觉得奇怪。
欠费	qiàn fèi	①手机欠费了，打不了了。 ②有线电视欠费了，看不了了。
没事	méi shì	①你别客气，没事。 ②我没事，你不用担心。

学会话

邻居张艳给李刚打电话。

张　艳：喂，小李，我家的电视又不出图像了，跟上次一样，不知道是怎么回事。

李　刚：我记得上次是机顶盒电源接触不好。现在机顶盒的灯亮着呢吗？

张　艳：亮着呢，显示屏也是正常的。

李　刚：是不是有线电视欠费了？

张　艳：应该不是。

李　刚：我去您那儿看看。

张　艳：还得麻烦你跑一趟，真不好意思。

李　刚：没事，张姐。

做练习

一、说一说

1. 根据情景完成会话。

（老师问学生）

A：小美今天没来上课，__________？

B：她昨天也没来。

A：________________？

B：应该不是。

2. 根据提示完成会话。

A：我是三年前和你一起去北京的张可，________________？（记得）

B：当然了，________________。（记得）

A：________着呢吗？

B：________着呢。

商店　开	雨伞　带	灯　亮	身份证　拿

3. 请和你的同学一起到教室前面表演前两题的对话。

二、连一连

记得	qiàn fèi
接触	zhèng cháng
正常	méi shì
欠费	jì de
没事	jiē chù

三、写一写

记

正

欠

四、做一做

1. 回家后请和家人模拟课文进行练习，并拍下视频发到班级群里。
2. 请用手机编辑文字“不知道是怎么回事”发到班级群里。
3. 在写字本上写本课生字。

五、读一读

毛遂（suì）自荐（jiàn）

战国时期，秦国军队包围了赵国都城邯（hán）郸（dān）。赵王派平原君去说服楚王与赵国联合起来对付秦国。平原君准备带着二十个人一起去，有个叫毛遂的人自我推荐说：“让我跟着去吧。”平原君便带毛遂等人来到了楚国。

平原君和楚王从早晨谈到中午也没有结果。这时，毛遂走上前对楚王说：“现在我和大王在十步之内，大王的性命在我手上，就算你有十万兵马都没有用！”楚王怕毛遂真的动手，一时不敢说话。毛遂又说：“其实，楚国有五千里辽阔的土地，几十万雄师，这么强大的国家，为什么要害怕秦国呢？”毛遂又把与赵国联合对楚国有利的道理做了详细分析，楚王听了连连点头，最终答应了与赵国联合，马上出兵去救援赵国。

【毛遂自荐】比喻自告奋勇，自己推荐自己担任某项工作。

扫一扫，听录音

第 2 单元 邻里之间

第 4 课 都少说两句

第 4 课时

学词语

词语	拼音	例 句
吵	chǎo	①你俩别吵了。 ②外面太吵了，把窗户关上吧。
辅导	fǔ dǎo	①你去辅导辅导他。 ②妈妈在辅导孩子写作业。
嫌	xián	①他嫌我没耐心。 ②我嫌太贵，没买。
耐心	nài xīn	①丽丽对孩子特别有耐心。 ②老师耐心地给我讲了好多遍。
不光	bù guāng	①这家商店的东西不光多，还便宜。 ②小刘不光很会干活儿，人也很漂亮。
连……也……	lián…yě…	①你连我都不认识了？ ②他连最难的题都会做。
句	jù	①你少说两句。 ②他一句话都没有说。
消气	xiāo qì	①你看会儿电视，消消气。 ②现在气消了，心里不难受了吧？
肯定	kěn dìng	①你放心吧，他肯定来。 ②我答应你的事肯定会做的。
气头上	qì tóu shàng	①她还在气头上，让她冷静一下。 ②在气头上说的话很容易伤害别人。

词语	拼音	例　　句
平时	píng shí	①平时要多运动。 ②平时应该多吃蔬菜。
确实	què shí	①今天确实是我不对。 ②你说得对，今天确实很冷。

学会话

王丽和李刚两口子吵架了，邻居张艳闻声来劝和。

张　艳：丽丽，小李，你们俩这是怎么了？吵那么大声。

王　丽：张姐，我辅导孩子写作业，大声说了孩子几句，李刚就不高兴了，嫌我没耐心。

李　刚：张姐，她不光批评孩子，连我也一起批评。她对谁都没耐心。

张　艳：行了，小李，大家都少说两句，消消气。（对着李刚）丽丽肯定是在气头上说的，她平时哪批评过你啊。（对着王丽）丽丽，对孩子啊，要慢慢说，亮亮还小。

王　丽：张姐，我知道错了，教育孩子确实得慢慢来。

李　刚：张姐，今天我确实不对，以后我和丽丽一起教育孩子。

张　艳：这就对了嘛！

做练习

一、说一说

1. 根据情景完成会话。

（劝架）

A：小王，小美，你俩都________两句。

B：小美，刚才是我不好，在________上，说话不好听。

C：小王，我也________。

A：这就对了，互相道个歉吧。

2. 根据提示完成会话。

A：小美为什么不去旅游了？

B：____________________________。（嫌）

A：这个工作怎么样？

B：____________________，____________________。（不光）

A：我听说张姐的爱人什么都会做，张姐家很多东西都是她爱人自己做的。

B：没错，____________________________。（连……也……）

3. 请和你的同学一起到教室前面表演前两题的对话。

二、连一连

吵	nài xīn
耐心	píng shí
肯定	bù guāng
平时	chǎo
不光	kěn dìng

三、写一写

吵

光

平

四、做一做

1. 回家后请和家人模拟课文进行练习，并拍下视频发到班级群里。
2. 请用手机编辑文字“大家都少说两句”发到班级群里。
3. 在写字本上写本课生字。

五、读一读

集 思 广 益

三国时期，刘备死后刘禅（shàn）继位，但蜀（shǔ）国的大小政事都由丞相诸（zhū）葛（gě）亮处理、决定。诸葛亮在人们的心目中有很高的威望，但他并不因此居功自傲，而是常常注意听取部下的意见。诸葛亮还专门写了一篇文章，鼓励下属积极主动地发表自己的主张和看法。他在文中写道："让大家都来参与议论国家大事，是为了集中众人的智慧和意见，广泛听取各方面有益的建议，从而让我知道有些事情怎么处理效果会更好。"

【集思广益】指集中群众的智慧，广泛吸收有益的意见。

扫一扫，听录音

第 2 单元 邻里之间

第 5 课 远亲不如近邻

第 5 课时

学词语

词语	拼音	例　句
俗话	sú huà	①俗话说“一个好汉三个帮”。 ②俗话说得好，“人往高处走，水往低处流。”
虽然	suī rán	①他虽然年龄小，但很有志气。 ②这个地方虽然不大，但气候温和，风景秀丽，很适合居住。
亲戚	qīn qi	①我们是亲戚。 ②今天有很多亲戚来我家做客。
打招呼	dǎ zhāo hu	①他连招呼都没打就走了。 ②有什么事，跟我打声招呼，我来帮你。
解决	jiě jué	①这个问题不好解决。 ②工作队帮我们解决了很多问题。
其实	qí shí	①他说不累，其实已经满头大汗。 ②她说自己学得不好，其实学得真不错。
像	xiàng	①她笑起来像花儿一样。 ②兄弟姐妹像石榴籽一样抱在一起。
照顾	zhào gù	①孩子我来照顾，你去忙吧。 ②她平时要照顾生病的婆婆。
感觉	gǎn jué	①今天感觉很轻松。 ②这种感觉太好了！
美好	měi hǎo	①我们的生活太美好了！ ②希望你美好的愿望能成真。

学课文

俗话说“远亲不如近邻”。我们家和张姐家是多年的好邻居了，虽然我们不是亲戚，但比亲戚走动得还要多。谁家有事了，打声招呼，问题很快就解决了。其实，不光是我们两家，我们村各家住得都不远，大家都像一家人一样，互相帮助，互相照顾，这种感觉太美好了。

做练习

一、说一说

1. 完成会话。

（去朋友家）

A：我有点儿事________________。

B：别客气，有什么事________________。

（带孩子去邻居家）

A：我有急事出去一下，我想请您帮忙________________。

B：没问题，把孩子________________，你放心去吧。

A：这件衣服太贵了，我不想买了。

B：________________，________________。（虽然）

A：小李跟我说想去北京找工作。

B：________________，________________。（其实）

A：这儿的风景真不错！

B：是啊，________________。（像……一样）

2. 和同学一起用学过的内容编一段关于邻居之间互帮互助的对话（不少于 2 分钟），并到教室前面表演。

二、写一写

1. 给下列词语标拼音。

（　　）有的是　（　　）其他　（　　）没事　（　　）正常

（　　）平时　（　　）一句话　（　　）不光　（　　）美好

2. 看拼音写字。

jiè（　　）书　jì（　　）得　好借好 huán（　　）　má（　　）烦

jǐn（　　）管　jiāo（　　）作业　qiàn（　　）费　suī（　　）然

3. 在写字本上写本单元的生字。

三、答一答

1. 讲一次你借东西并且还东西的经历。

2. 讲一次别人帮助你的经历。

3. 讲一次你帮助别人的经历。

4. 你和家人吵过架吗？因为什么吵的？

5. 你觉得“远亲不如近邻”这句话对吗？请举例说明。

扫一扫，听录音

美好知识窗

桂林山水

桂林位于广西壮族自治区东北部，桂林山水因举世无双的喀（kā）斯（sī）特地貌而闻名全国乃至全世界。桂林的山，平地拔起，千姿百态；漓（lí）江的水，蜿（wān）蜒（yán）曲折，明洁如镜；山多有洞，洞幽（yōu）景奇；洞中怪石，鬼斧神工，琳（lín）琅（láng）满目。“山青、水秀、洞奇、石美”被称为“桂林四绝”。桂林山水是中国山水的代表，自古就有“桂林山水甲天下”的美称。

第 3 单元 婚丧嫁娶

第 1 课 祝你们白头偕老

第 1 课时

学词语

词语	拼音	例句
侄女	zhí nǚ	①兄弟的女儿是我的侄女。 ②我侄女都长成大姑娘了。
托	tuō	①我托他带点儿东西。 ②他托我告诉你一件事。
请柬	qǐng jiǎn	①这是婚礼请柬。 ②这是会议请柬。
结婚	jié hūn	①我还没结婚呢。 ②你是什么时候结的婚？
恭喜	gōng xǐ	①恭喜你高升！ ②恭喜你搬进新家！
一直	yì zhí	①我一直等着你呢。 ②亮亮一直想要一个新玩具。
喜糖	xǐ táng	①发喜糖了！ ②这是我的喜糖。
新娘	xīn niáng	①新娘真漂亮。 ②有请新郎、新娘上台。
白头偕老	bái tóu xié lǎo	①祝你们白头偕老。 ②我希望和你白头偕老。

词语	拼音	例句
早生贵子	zǎo shēng guì zǐ	①祝你们早生贵子。 ②婚床上放着枣、花生、桂圆、莲子，寓意为“早生贵子”。
红包	hóng bāo	①微信群里有人在发红包。 ②每年春节老人们都给孩子们发红包。
婚礼	hūn lǐ	①礼堂里正在举行婚礼。 ②周末我要去参加一个婚礼。

学会话

王丽来到邻居张艳家。

王　丽：张姐，这是我侄女苗苗托我带给您的请柬，她要结婚了。

张　艳：恭喜恭喜！我一直等着吃她的喜糖呢。

在婚礼上

张　艳：苗苗，你今天是世界上最漂亮的新娘！张姨祝你们白头偕老、早生贵子、幸福永远！这是给你们的大红包。

苗　苗：谢谢张姨，您能来参加婚礼，我们太开心了！

新　郎：谢谢您，也祝您身体健康，万事如意！

做练习

一、说一说

1. 根据情景完成会话。

（给朋友送请柬）

A：李哥，我要结婚了，这是________，诚挚邀请您来参加。

B：________！我一定参加！

（在婚礼上）

A：祝你们________、________！

B、C：谢谢您！

2. 根据提示完成会话。

A：这是什么？

B：________________________。（托）

A：________________________？（喜糖）

B：还早呢，还没见家长呢。

3. 请和你的同学一起到教室前面表演前两题的对话。

二、连一连

请柬	xīn niáng
结婚	hóng bāo
恭喜	gōng xǐ
新娘	qǐng jiǎn
红包	jié hūn

三、写一写

婚

喜

娘

四、做一做

1. 回家后请和家人模拟课文进行练习，并拍下视频发到班级群里。

2. 请用手机编辑文字“祝你们白头偕老、早生贵子”发到班级群里。

3. 在写字本上写本课生字。

扫一扫，听录音

五、读一读

画蛇添足

战国时期，楚国有一个人祭（jì）祀（sì）祖先，祭祀结束后送给手下人一壶酒。人多酒少，不够喝。有人提议，谁先画完一条蛇，这壶酒就归谁。大家都赞同，立即画了起来。一人先画好了，看别人还在画，他又给蛇画了四只脚。这时，另一个人也画好了，就说：“蛇没有脚，你画的不是蛇。”说完就把酒喝了。那个给蛇画脚的人看着本属于自己而现在已被别人拿走的酒，后悔不已。

【画蛇添足】比喻多此一举，做了多余的事反而把事情弄坏。

第 3 单元 婚丧嫁娶

第 2 课 脸型和眼睛随我

第 2 课时

学词语

词语	拼音	例　句
圆	yuán	①今天的月亮又圆又大。 ②这孩子小脸圆圆的，很可爱。
随	suí	①这孩子的性格随谁？ ②我的身材随我爸，性格随我妈。
脸型	liǎn xíng	①他的脸型是圆的。 ②这个演员的脸型特别好看。
如愿以偿	rú yuàn yǐ cháng	①我如愿以偿，没有遗憾了。 ②今天我终于见到了天安门，如愿以偿了。
贴心	tiē xīn	①领导干部是老百姓的贴心人。 ②这里的服务非常周到、贴心。
棉袄	mián ǎo	①冬天天冷，需要穿棉袄。 ②这件棉袄又暖和又舒服。
福气	fú qi	①您可真有福气啊！ ②老人家福气满满。
儿女双全	ér nǚ shuāng quán	①他儿女双全。 ②儿女双全不错，一个孩子也好。
凑	còu	①我们给他凑了一些钱。 ②咱们可以凑在一起，组团出发。
休养	xiū yǎng	①你好好休养。 ②我最近身体不好，想请假休养一个月。

词语	拼音	例句
保重	bǎo zhòng	①你好好保重身体。 ②我走了，你要多保重。
改天	gǎi tiān	①我改天再去。 ②你改天再来吧，今天我们这儿太忙了。

学会话

王丽的邻居莎莎生了宝宝，王丽去看望。

王　丽：让我看看小宝宝。（看着婴儿）这孩子太可爱了，小脸圆圆的，随你。

莎　莎：她爸爸说，脸型和眼睛随我，鼻子和嘴巴随他。

王　丽：还真是！恭喜你呀，莎莎，生了一个又漂亮又健康的宝宝。

莎　莎：我们一直想要一个女儿，现在如愿以偿了！

王　丽：女儿是妈妈的贴心"小棉袄"。莎莎你真有福气！

莎　莎：丽丽姐，你儿女双全，凑成了一个"好"字，真好！

王　丽：只要健康，男孩儿、女孩儿都很好。你好好休养身体，多保重。改天我再来看你。

做练习

一、说一说

1. 根据情景完成会话。

（看望小宝宝）

A：宝宝长得太漂亮了！小脸________，眼睛________。

B：谢谢。

（看望产妇）

A：生完孩子身体虚弱，____________。

B：谢谢关心。

2. 根据提示完成会话。

A：____________________。（一直）

B：你现在如愿以偿了。

A：小宝宝长得像谁呢？

B：____________，____________。（随）

3. 请和你的同学一起到教室前面表演前两题的对话。

二、连一连

圆	tiē xīn
随	xiū yǎng
贴心	fú qi
福气	yuán
休养	suí

三、写一写

圆										
福										
休										

四、做一做

1. 回家后请和家人模拟课文进行练习，并拍下视频发到班级群里。

2. 请用手机编辑文字“恭喜你，生了一个又漂亮又健康的宝宝”发到班级群里。

3. 在写字本上写本课生字。

扫一扫，听录音

五、读一读

持之以恒（héng）

元代有个叫陶（táo）宗仪的人，考进士落榜后并不气馁（něi），继续刻苦读书。下地劳作时他也经常利用休息时间读书。田野里没有纸，他就把心得记在树叶上，回家后装进瓦罐（guàn）里，十几年时间装满了十几个瓦罐。有人不理解，而他却说：“学习就应持之以恒。”后来，他整理树叶，编了本叫《南村辍（chuò）耕录》的书，很受欢迎。

【持之以恒】指有恒心地坚持下去。

第 3 单元 婚丧嫁娶

第 3 课 祝您福如东海，寿比南山

第 3 课时

学词语

词语	拼音	例　句
躺	tǎng	①你快躺下吧。 ②我们躺在沙滩上，享受着阳光。
刀口	dāo kǒu	①刀口还疼吗？ ②刀口那儿留下一道疤（bā）。
恢复	huī fù	①身体恢复了吗？ ②生产已全面恢复。
康复	kāng fù	①祝您早日康复！ ②我的身体已经完全康复了。
寿	shòu	①祝您福如东海，寿比南山！ ②妈妈下个月就要过六十大寿了。
百合	bǎi hé	①这些百合花太漂亮了。 ②送你们一束百合，祝你们百年好合。
长命百岁	cháng mìng bǎi suì	①奶奶，祝您长命百岁。 ②长命百岁是很多人的心愿。
儿孙满堂	ér sūn mǎn táng	①看到儿孙满堂，老人家特别开心。 ②几十年过去了，老李已经儿孙满堂。
孝顺	xiào shùn	①孩子应该孝顺父母。 ②他是个特别孝顺的人，对父母很好。

学会话

王丽给刚出院回家的奶奶祝寿。

王　丽：奶奶，别起来了，您躺好。刀口恢复得怎么样了？还疼不疼？

奶　奶：还是有点儿疼，不过已经好多了。丽丽，放心吧，奶奶过几天就好了。

王　丽：祝您早日康复！今天是您八十大寿，祝您福如东海，寿比南山！

奶　奶：谢谢丽丽。你还带来了这么漂亮的花。

王　丽：奶奶，这是百合，意思是祝您长命百岁。看这儿孙满堂的，您多幸福啊。

奶　奶：孩子们都太孝顺了，奶奶肯定能长命百岁。

做练习

一、说一说

1. 根据情景完成会话。

（去看望生病的朋友）

A：身体好点儿了吗？

B：好__________了。

A：别起来，快__________下。

（给朋友送花）

A：这是________花，意思是________________。

B：谢谢。

2. 根据提示完成会话。

祝您________！

生日快乐	早日康复	身体健康	福如东海，寿比南山

3. 请和你的同学一起到教室前面表演前两题的对话。

二、连一连

刀口	dà shòu
康复	kāng fù
百合	xiào shùn
孝顺	bǎi hé
大寿	dāo kǒu

三、写一写

康

寿

孝

四、做一做

1. 回家后请和家人模拟课文进行练习，并拍下视频发到班级群里。

2. 请用手机编辑文字“祝您福如东海，寿比南山”发到班级群里。

3. 在写字本上写本课生字。

五、读一读

无 微 不 至

魏了（liǎo）翁是南宋著名的理学家，从小聪明伶（líng）俐（lì），十五岁就显示出了不凡的才华。后来他考中了进士，一直在朝廷内担任要职，深受皇帝的重用。魏了翁曾在上皇帝书中写到自己对于皇帝交代的事一向尽心尽力，做事“靡（mí）微不周”，意思是没有细节不照顾到。“靡”就是“无”的意思，“无微不至”这句成语就是从这里演变而来的。

【无微不至】形容做事非常细心周到。

扫一扫，听录音

第 3 单元 婚丧嫁娶

第 4 课 请节哀

第 4 课时

学词语

词语	拼音	例句
节哀	jié āi	①节哀顺变！ ②你一定要节哀。
本来	běn lái	①我本来打算去看你，没想到你先来了。 ②本来这周我要去北京的，计划有变，不去了。
过于	guò yú	①不要过于伤心。 ②你过于紧张了。放松一些。
伤心	shāng xīn	①不要太伤心了。 ②女朋友跟他分手了，他这几天特别伤心。
临终	lín zhōng	①临终前他拉着我的手，一句话也没有说。 ②这位老党员临终也不忘交最后一笔党费。
一时	yì shí	①我一时想不起他叫什么名字了。 ②因为一时冲动，她动手打了孩子。
接受	jiē shòu	①这个条件，我们都不接受。 ②他一时很难接受这个现实。
估计	gū jì	①我估计他快到了。 ②看这天，我估计会下雨。
缓	huǎn	①昨天我太累了，睡了一夜才缓过来。 ②我刚跑完五千米，先缓缓，一会儿再参加别的比赛。

词语	拼音	例句
去世	qù shì	①昨天晚上奶奶去世了。 ②老人已经去世很久了。
坚强	jiān qiáng	①你一定要坚强。 ②她有一颗坚强的心。

学会话

张艳的妈妈去世了，王丽前来致哀。

王　丽：张姐，请节哀。

张　艳：我妈妈走得太突然了，前段时间身体本来已经好转了……

王　丽：张姐，不要过于伤心。阿姨临终前一定也希望您能好好的。

张　艳：我一时很难接受，估计过几天才能缓过来。

王　丽：保重自己的身体。老人去世了，我们的日子还是要过下去。

张　艳：谢谢丽丽。我会让自己坚强起来的。

做练习

一、说一说

1. 根据情景完成会话。

（在葬礼上）

A：请＿＿＿＿＿。

B：谢谢。

A：一定要让自己＿＿＿＿＿起来。

B：我会的。

2. 根据提示完成会话。

A：＿＿＿＿＿＿＿＿＿，＿＿＿＿＿＿＿＿＿。（本来）

B：真是计划赶不上变化。

A：她叫什么名字？

B：＿＿＿＿＿＿＿＿＿＿＿＿＿＿。（一时）

3. 请和你的同学一起到教室前面表演前两题的对话。

二、连一连

节哀	qù shì
本来	jiān qiáng
临终	jié āi
去世	lín zhōng
坚强	běn lái

三、写一写

哀

伤

世

四、做一做

1. 回家后请和家人模拟课文进行练习，并拍下视频发到班级群里。
2. 请用手机编辑文字“保重自己的身体”发到班级群里。
3. 在写字本上写本课生字。

五、读一读

一诺（nuò）千金

秦代末年，楚地有一个叫季布的人，性情耿直，为人侠义，喜欢帮助人。只要是他答应过的事情，无论有多大困难，他都设法办到，因而受到大家的赞扬。当时楚地到处流传着“得黄金百，不如得季布一诺”这样的话。

【一诺千金】许下的一个诺言有千金的价值。形容说话算数，极有信用。

扫一扫，听录音

第 3 单元 婚丧嫁娶

第 5 课 礼仪之邦

第 5 课时

学词语

词语	拼音	例　句
礼仪之邦	lǐ yí zhī bāng	①我国是一个礼仪之邦。 ②中国被称为“礼仪之邦”。
文明	wén míng	①每个人都应该讲文明。 ②我国是一个文明古国。
传统	chuán tǒng	①春节是我国的传统节日。 ②我们要学习和继承我国的优良传统。
文化	wén huà	①我国有五千年的历史和文化。 ②我们要认真学习祖国的优秀文化。
组成	zǔ chéng	①这个互助小队由五人组成。 ②全国各地的专家组成了这个医疗团队。
部分	bù fen	①我们每个人都是这个集体的一部分。 ②这次考试，听力部分比较容易，阅读部分比较难。
尊老爱幼	zūn lǎo ài yòu	①尊老爱幼是中华民族的传统美德。 ②我们应该尊老爱幼，让老人和孩子先坐。
仪容	yí róng	①公司对工作人员的仪容有严格的要求。 ②我们应该注重自己的仪容仪表，保持干净整洁。
礼尚往来	lǐ shàng wǎng lái	①人与人交往讲究礼尚往来。 ②我给你尝尝我家的饺子，你给我尝尝自己种的菜，邻居之间就应该礼尚往来。

词语	拼音	例句
礼貌	lǐ mào	①他很有礼貌。 ②见到长辈应该打招呼，这是礼貌。
教养	jiào yǎng	①他是个很有教养的人。 ②一个人的言谈举止能够体现出他的教养。
愉悦	yú yuè	①这首歌听后让人很愉悦。 ②看样子她的心情非常愉悦。
有序	yǒu xù	①这次会议安排有序，组织得很好。 ②在报名现场，大家有序排队，安安静静。

学课文

我国一向被称为“礼仪之邦”。礼仪文明，如尊老爱幼、仪容整洁、礼尚往来等是我国传统文化的重要组成部分。如果我们每一个人都有礼貌、有教养，我们的生活就会多一些愉悦，而国家、社会也会更加文明、有序。

做练习

一、说一说

1. 完成会话。

（在婚礼上）

A：祝你们________、________！

B、C：谢谢您。

（去看望生病的朋友）

A：身体＿＿＿＿＿＿＿吗？

B：好多了。

A：别起来，快＿＿＿＿下。

（在葬礼上）

A：请＿＿＿＿。

B：谢谢。

A：一定要让自己＿＿＿＿起来。

B：我会的。

A：她叫什么名字？

B：我也＿＿＿＿＿＿＿。（一时）

2. 和同学一起用学过的内容编一段在朋友婚礼上的对话（不少于 2 分钟），并到教室前面表演。

二、写一写

1. 给下列词语标拼音。

（　　　）	（　　　）	（　　　）	（　　　）
恭喜	婚礼	白头偕老	脸型
（　　　）	（　　　）	（　　　）	（　　　）
休养	康复	儿孙满堂	本来
（　　　）	（　　　）	（　　　）	（　　　）
临终	坚强	尊老爱幼	礼貌

2. 看拼音写字。

xǐ	niáng	fú	xiào
（　　　）糖	新（　　　）	（　　　）气	（　　　）顺
hé	suì	shòu	āi
百（　　　）	长命百（　　　）	大（　　　）	节（　　　）
shāng	shì	míng	yǎng
（　　　）心	去（　　　）	文（　　　）	教（　　　）

3. 在写字本上写本单元的生字。

三、答一答

1. 婚礼上有什么习俗？请用自己的话说一说。
2. 葬礼上有什么习俗？请用自己的话说一说。
3. 看望病人一般有什么礼俗？
4. 除了本单元介绍的外，你还知道哪些礼俗？
5. 怎样才算有礼貌、有教养？请举例说一说。

扫一扫，听录音

美好知识窗

北京故宫

北京故宫是我国明清两代的皇家宫殿，旧称为紫禁城，位于北京中轴线的中心。北京故宫于明成祖永乐四年（1406 年）开始建设，到永乐十八年（1420 年）建成，占地面积 72 万平方米，有大小宫殿 70 多座，房屋 9000 余间。

北京故宫内的建筑分为外朝和内廷两部分。外朝的中心为太和殿（diàn）、中和殿、保和殿，统称三大殿，是国家举行大典礼的地方；内廷的中心是乾（qián）清宫、交泰殿、坤（kūn）宁宫，统称后三宫，是皇帝和皇后居住的正宫。

北京故宫是我国古代宫廷建筑的精华，是世界上现存规模最大、保存最完整的木结构古建筑之一。故宫 1961 年被列入第一批全国重点文物保护单位名单，1987 年被列入《世界遗产名录》。

第 4 单元 天伦之乐

第 1 课 当妈的就是这么操心

第 1 课时

学词语

词语	拼音	例 句
碰	pèng	①碰到这样的事真让人生气。 ②今天上街我碰到了很多熟人。
差点儿	chà diǎnr	①今天差点儿来晚了。 ②这孩子高兴得差点儿跳起来。
认	rèn	①我没认出她是谁。 ②你现在变化这么大，我都快认不出来了。
关键	guān jiàn	①我们的钱不够，这是问题的关键。 ②我也觉得这个活动好，关键是我没有时间参加啊。
饮食	yǐn shí	①在饮食上要注意荤素搭配。 ②医生也指出了饮食方面需要注意的一些问题。
均衡	jūn héng	①饮食要均衡，五谷杂粮也要吃。 ②德、智、体、美、劳要均衡地发展。
营养	yíng yǎng	①这些垃圾食品没有营养，别吃了。 ②这些豆制品营养丰富，价格也不高。
适量	shì liàng	①菜里的盐要适量，不能放太多。 ②运动要适量，不能一次运动时间太长。
过来人	guò lái rén	①我是过来人，听我的没错。 ②你要多听听过来人的建议。
经验	jīng yàn	①在教育孩子方面，我没有什么经验。 ②还是你经验丰富，我要向你多学习。

词语	拼音	例　句
当……的	dāng…de	①当妈妈的都是这样。 ②我听说他女朋友是当老师的。
操心	cāo xīn	①这孩子什么都会，不用大人操心。 ②这一年我操心操得太多了，头发白了不少。

学会话

张艳在路上碰到了王丽。

张　艳：丽丽，好久没见你儿子亮亮了，今早碰到他，他长那么高了，我差点儿没认出来。

王　丽：他现在长得可快了，每天吃得也特别多。

张　艳：孩子成长关键期要注意饮食均衡，多吃一些有营养的食物，多吃蔬菜和水果。

王　丽：说得对。我最近常炖鸡汤和骨头汤给他喝。

张　艳：喝汤挺好的，不过吃肉要适量，不要吃得太多。

王　丽：张姐，您是过来人，经验丰富。

张　艳：当妈的就是这么操心。

做练习

一、说一说

1. 根据情景完成会话。

（两人路遇）

A：你女儿长这么高了，我________没认出来。

B：________太快了。

（吃早饭）

A：亮亮，不能总是吃肉，要________________。

B：妈妈，那我应该吃什么？

A：要多吃________________。

2. 根据提示完成会话。

A：________挺好的，不过________________。

B：你说得对。

3. 请和你的同学一起到教室前面表演前两题的对话。

二、连一连

关键	jīng yàn
饮食	yǐn shí
营养	cāo xīn
经验	yíng yǎng
操心	guān jiàn

三、写一写

饮

养

经

四、做一做

1. 回家后请和家人模拟课文进行练习，并拍下视频发到班级群里。
2. 请用手机编辑文字“妈妈太操心了”发到班级群里。
3. 在写字本上写本课生字。

五、读一读

鹏 程 万 里

传说远古的时候，北海里有一只叫“鹏”的大鸟。它的背像泰山那么高，飞起来的时候，它的翅膀像厚厚的云层。它在海面上击水而行，一去就是三千里。它向高空飞去，卷起一股暴风，一下子就能飞出九万里。

【鹏程万里】比喻前程远大。

扫一扫，听录音

第4单元 天伦之乐

第2课 一、二、三，茄子

第2课时

学词语

词语	拼音	例句
河	hé	①村口有一条河。 ②河水很清，很凉。
景色	jǐng sè	①窗外的景色美极了。 ②大山里的景色太美了。
过去	guò qù	①过去我住在这儿，结婚后我就搬走了。 ②过去这里是一个工厂，现在已经变成公园了。
环境	huán jìng	①我们村的环境跟过去比有了很大变化。 ②这个学校的学习环境特别好，学生们都很满意。
政府	zhèng fǔ	①政府为老百姓办了很多实事。 ②老百姓要依靠政府，相信政府。
改善	gǎi shàn	①村里的环境得到了很大改善。 ②我们的生活比过去改善了很多。
栽	zāi	①路两边栽着白杨树。 ②院子里栽满了月季花。
草坪	cǎo píng	①学校里有一大片草坪。 ②我们要爱护草坪，不要随意踩踏。
塑胶	sù jiāo	①学校的操场是塑胶的。 ②公园里有一条塑胶慢跑道。
花坛	huā tán	①村委会的院子里有一个大花坛。 ②花坛里有各种各样的花，好美啊！

词语	拼音	例　　句
拍照	pāi zhào	①帮我拍张照吧。 ②来，我给你拍张照。
还是	hái shi	①快下雨了，你还是别去了。 ②我觉得你还是听老师的吧。
合影	hé yǐng	①我们拍张合影吧。 ②这张合影记录了我们的生活。

学会话

王丽一家三口在村边游玩。

王　丽：老公，你看，咱们村口的这条河，景色越来越美了。

李　刚：可不是嘛，过去环境不好，这几年政府改善农村居住环境，在河边栽了这么多树，修了这么大的草坪，还铺了塑胶步道。

亮　亮：爸爸，你看我们农村并不比城市差。

李　刚：那当然了。空气还更好呢。

王　丽：这个花坛太美了！

李　刚：你站好了，我给你拍张照。真是花美人更美！

亮　亮：爸爸妈妈，还是我来吧，我给你们拍张合影。一、二、三，茄子！

做练习

一、说一说

1. 根据情景完成会话。

（和邻居聊天儿）

A：我们小区________________。

B：可不是嘛，过去______________，现在______________。

2. 根据提示完成会话。

A：这里的风景真美啊！

B：________________。（拍照）

________并不比________差。

我们农村　城市	老年人　年轻人	女人　男人	弟弟　哥哥

3. 请和你的同学一起到教室前面表演前两题的对话。

二、连一连

景色	zhèng fǔ
过去	pāi zhào
政府	jǐng sè
环境	huán jìng
拍照	guò qù

三、写一写

景

拍

影

四、做一做

1. 回家后请和家人模拟课文进行练习，并拍下视频发到班级群里。
2. 请用手机编辑文字“花美人更美”发到班级群里。
3. 在写字本上写本课生字。

五、读一读

风 雨 同 舟

春秋时期，吴、越两国相邻，但彼此之间争端不断，战争频繁。有一次，两国的人同乘一条船渡江，船到江心，狂风突起，大浪滔天，船眼看着就要翻了。在这危急时刻，人们忘记了过去的仇恨，就像一家人一样，风雨同舟，齐心协力，共同排除险情，使船安全地到达了岸边。

【风雨同舟】舟：船。形容不同的人或团体共同渡过危难。

扫一扫，听录音

第 4 单元 天伦之乐

第 3 课 谢谢你的一片孝心

第 3 课时

学词语

词语	拼音	例句
集市	jí shì	①集市上卖什么的都有。 ②我们这儿每五天就有一个集市。
婆婆	pó po	①结婚后，我住在婆婆家。 ②婆婆待我像亲生女儿一样。
孝心	xiào xīn	①谢谢孩子们的孝心。 ②这是我们的一片孝心，您收下吧。
挣钱	zhèng qián	①这是我自己挣的钱。 ②挣钱养家是大人的责任。
合脚	hé jiǎo	①鞋子一定要合脚。 ②婚姻就像鞋，合不合脚只有自己知道。
鞋码	xié mǎ	①鞋码要合适。 ②这双鞋的鞋码偏大。
破费	pò fèi	①不好意思，让你破费了。 ②今天我请客，不需要你破费。
摘	zhāi	①把帽子摘下来吧，屋里太热了。 ②一般八月中下旬农民就开始摘棉花了。
筐	kuāng	①这筐菜是刚摘的。 ②这个筐子是他自己编的。
好	hào	①他好吃喝。 ②晚饭后喝点儿小酒，他就好这一口。

学会话

王丽从集市回来，她给婆婆买了一双鞋。

王　丽：妈，我今早在集市上看到有卖鞋的，就给您买了一双，您穿一下试试。

婆　婆：丽丽，谢谢你的一片孝心。妈有鞋，你们挣钱不容易，别总给我花钱。

王　丽：妈，这鞋不贵。您试试看合不合脚。

婆　婆：还挺舒服的，鞋码也正好。又让你破费了。

王　丽：瞧您说得，昨天您还从菜园给我们摘了一大筐菜呢。

婆　婆：中午别走了，在这儿吃午饭吧，我蒸羊肉包子。

王　丽：行，我就好这口。

做练习

一、说一说

1. 根据情景完成会话。

（母子对话）

A：孩子，不用给妈妈买什么，妈妈什么都________，你们挣钱________。

B：________________，请您一定要收下。

（婆媳对话）

A：妈，这鞋________________？

B：挺舒服的，________也合适。

2. 根据提示完成会话。

A：________________。（破费）

B：瞧你客气得。

A：________________，在我这儿吃饭吧。（走）

B：好啊，谢谢。

3. 请和你的同学一起到教室前面表演前两题的对话。

二、连一连

集市	pò fèi
婆婆	xiào xīn
孝心	zhèng qián
挣钱	pó po
破费	jí shì

三、写一写

市

婆

破

四、做一做

1. 回家后请和家人模拟课文进行练习，并拍下视频发到班级群里。
2. 请用手机编辑文字“让你破费了”发到班级群里。
3. 在写字本上写本课生字。

五、读一读

以貌取人

孔子是我国古代思想家、政治家、教育家。孔子有许多弟子，其中有一个名叫宰（zǎi）予（yǔ）的，特别能说会道。刚开始孔子觉得他不错，但是后来发现他既无德又懒惰，因此，孔子十分懊悔收了他。

孔子另一个叫澹（tán）台灭明的弟子，长得很丑陋。他想跟随孔子学习，孔子认为他长得难看，能力不强。结果他却成才了。

孔子于是说：“我只凭言辞判断人品好坏、能力高低，结果对宰予的判断错了；我只凭相貌判断，结果对澹台灭明的判断又错了。”

【以貌取人】根据外貌来判断一个人的品质和才能。

扫一扫，听录音

第 4 单元 天伦之乐

第 4 课 赡养老人是儿女的义务

第 4 课时

学词语

词语	拼音	例 句
血压	xuè yā	①你帮我量一下血压吧。 ②中老年人要注意预防高血压。
降	jiàng	①血压已经降下来了。 ②今天降温了，天气有点儿冷。
踏实	tā shi	①他做事情很踏实，让人很放心。 ②你踏踏实实休息，不要总想着家里的事。
大碍	dà ài	①妈妈的身体没什么大碍，你不用担心。 ②医生说这病没有大碍，休息几天就好了。
一大家子	yí dà jiā zi	①一大家子的饭可不好做。 ②他们一大家子关系都非常好。
忙不过来	máng bú guò lái	①店里顾客很多，他有点儿忙不过来。 ②又照顾孩子又做饭，我都忙不过来了。
惦记	diàn jì	①谢谢你还惦记着我。 ②妈，不用惦记我，我已经长大了。
赡养	shàn yǎng	①赡养父母是我们的责任和义务。 ②他上有七十岁母亲要赡养，下有未成年孩子要抚养。
义务	yì wù	①抚养孩子是大人的责任和义务。 ②我们每年都参加义务植树活动。

词语	拼音	例　句
负担	fù dān	①他们家生活负担很重。 ②我得努力工作才能负担起孩子们的生活费。

学会话

王丽的婆婆最近病了，王丽今天去看望她。

王　丽：妈，今天您感觉好点儿了吗？

婆　婆：好多了，血压降下来了。你今天没去地里？

王　丽：昨天就干完了。您踏踏实实休息吧，就别操心我们了。

婆　婆：医生不是说没什么大碍吗？你自己一大家子的事还忙不过来呢，就别惦记我了。

王　丽：妈，照顾您是应该的，赡养老人是儿女的义务。

婆　婆：你们都是孝顺孩子，妈给你们添负担了。

王　丽：看您说得。

做练习

一、说一说

1. 根据情景完成会话。

（看望老人）

A：妈，您今天感觉怎么样？

B：________________。

（与父母对话）

A：你们都是________孩子，妈给你们________了。

B：妈，照顾您是________，________________是儿女的义务。

2. 根据提示完成会话。

A：怎么样？严重吗？

B：没事，________________。（大碍）

A：你一个人又是做饭，又是照顾孩子，________________？（忙得过来）

B：还行，________________。

3. 请和你的同学一起到教室前面表演前两题的对话。

二、连一连

血压	yì wù
惦记	fù dān
赡养	xuè yā
义务	shàn yǎng
负担	diàn jì

三、写一写

降

惦

义

四、做一做

1. 回家后请和家人模拟课文进行练习，并拍下视频发到班级群里。

2. 请用手机编辑文字“赡养老人是儿女的义务”发到班级群里。

3. 在写字本上写本课生字。

五、读一读

感恩图报

春秋时期，吴国的大将军伍子胥（xū）带领士兵要去攻打郑国。郑国国君说：“谁能让伍子胥不攻打我们，我一定重赏他。”有个渔夫说：“我有办法。”

渔夫带着一根船桨来见伍子胥，对他说：“我父亲就是用这根船桨救了你。”伍子胥说：“我一直想报答他呢。”渔夫说：“那就别打郑国了。”伍子胥说：“因为你父亲救了我，我现在才能当上大将军。我怎么会忘记他的恩情呢？我一定会帮你这个忙的！”伍子胥说完，马上下令让吴国的士兵全部回来。

伍子胥为了报答渔夫的父亲，不但不攻打郑国，还让渔夫得到奖赏，这就叫作“感恩图报”。

【感恩图报】图：想办法。感激别人的恩情而想办法回报。

扫一扫，听录音

第 4 单元 天伦之乐

第 5 课 天伦之乐

第 5 课时

学词语

词语	拼音	例句
老伴儿	lǎo bànr	①他是我老伴儿。 ②我老伴儿已经去世五年了。
一……就……	yī…jiù…	①我一到家就开始做饭。 ②我一说这件事，他就生气。
懂事	dǒng shì	①她是个懂事的孩子。 ②这个孩子虽然年龄不大，可是非常懂事。
点赞	diǎn zàn	①我们为村里的志愿者点赞。 ②老人们学会了用手机给别人点赞。
不管	bù guǎn	①不管做什么菜，他都喜欢放醋。 ②不管有多大困难，我们都能克服。
只要……就……	zhǐ yào…jiù…	①只要是这个作家写的书，我就买。 ②只要你有收获，这个活动就值得参加。
满足	mǎn zú	①我现在很满足，觉得生活很幸福。 ②她总是觉得不满足，想要得到更多。
天伦之乐	tiān lún zhī lè	①儿女在身边，老人尽享天伦之乐。 ②他舍弃了天伦之乐，独自驻守乡村七年。

学课文

我今年已经七十五了，老伴儿七十七。我们有两个儿子一个女儿。孩子们都很孝顺，一有空儿就来看我们，吃的、穿的、用的，都不用我们操心。这会儿，他们正在厨房忙着做饭呢。孙子和孙女们也都很懂事，他们还教我怎么用手机拍照，怎么发到网上，怎么给别人“点赞”。我学得很开心，他们教得也很高兴。其实，不管干什么，只要和孩子们说说笑笑地在一起，我就觉得很满足。这就叫天伦之乐吧。

做练习

一、说一说

1. 完成会话。

（两人路遇）

A：这是你家老二吗？我差点儿________。

B：孩子长得太快了。

（母子对话）

A：孩子，________________，你们挣钱不容易，快把东西拿回去。

B：________，请您一定要收下。

A：________________。（拍照）

B：没问题。

A：我一个人又是做饭，又是照顾孩子，________________。（忙不过来）

B：我来帮你。

2. 和同学一起用学过的内容编一段孩子和父母之间的对话（不少于2分钟），并到教室前面表演。

二、写一写

1. 给下列词语标拼音。

（　　）	（　　）	（　　）	（　　）
差点儿	营养	操心	关键
（　　）	（　　）	（　　）	（　　）
政府	合影	环境	挣钱
（　　）	（　　）	（　　）	（　　）
赡养	负担	懂事	满足

2. 看拼音写字。

lái	jīng	jǐng	pāi
过（　　）人	（　　）验	（　　）色	（　　）照
pò	hé	shì	xuè
（　　）费	（　　）脚	集（　　）	（　　）压
jì	yì	bàn	lún
惦（　　）	（　　）务	老（　　）儿	天（　　）之乐

3. 在写字本上写本单元的生字。

三、答一答

1. 你在养育或教育孩子方面有什么好的经验吗？请分享一下。
2. 请描述一个你家日常生活中的温馨场景。
3. 请讲一个你孝敬老人的事例。
4. 老人是儿女的负担吗？请谈谈你的看法。
5. 你希望自己的老年生活是什么样的？

扫一扫，听录音

美好知识窗

日月潭

日月潭（tán）是我国台湾省最大的一个湖。它在台湾省中部的山区。那里群山环绕，树木茂盛，周围有许多名胜古迹。日月潭很深，湖水碧绿。湖中央有个美丽的小岛，叫光华岛。小岛把湖水分成两半，北边像圆圆的太阳，叫日潭，南边像弯弯的月亮，叫月潭。

清晨，湖面上飘着薄薄的雾，天边的晨星和山上的点点灯光，隐隐约约地倒映在湖水中。中午，太阳高照，整个日月潭的美景和周围的建筑都清晰地展现在眼前。要是下起蒙蒙细雨，日月潭好像披上了轻纱，周围的景物一片朦胧，就像童话中的仙境。日月潭风光秀丽，吸引了许许多多的中外游客。

第5单元 在集市

第1课 咱们去赶个集吧

第1课时

学词语

词语	拼音	例　句
赶集	gǎn jí	①我们打算去赶集买点儿东西。 ②昨天我和老李一起去赶了个集。
一块儿	yí kuàir	①我们一块儿去吧。 ②我们俩想到一块儿了。
心有灵犀	xīn yǒu líng xī	①我们真是心有灵犀，想的完全一样。 ②身无彩凤双飞翼，心有灵犀一点通。
走路	zǒu lù	①我每天走路去上学。 ②那里不远，走路去吧。
骑车	qí chē	①他每天骑车上下班。 ②公路上骑车要注意安全。
省	shěng	①用工具干活儿省力气。 ②这个市场的东西便宜，我省了不少钱。
逛	guàng	①吃完饭我们去逛逛公园吧。 ②她逛了好半天，也没找到要买的东西。
赶紧	gǎn jǐn	①车要开了，你赶紧来！ ②时间来不及了，你赶紧走吧！
袋子	dài zi	①我需要一个大袋子。 ②这个袋子又大又结实。
结实	jiē shi	①这张桌子很结实。 ②这个小伙子的身体特别结实。

词语	拼音	例句
最好	zuì hǎo	①这件事你最好不要告诉他。 ②你最好早点儿出发，别迟到。
环保	huán bǎo	①为了环保，不要用一次性筷子。 ②这件家具用的全部是环保材料。

学会话

一早，王丽来到邻居张艳家。

王　丽：张姐，今天天气不错，咱们去赶个集吧。

张　艳：好啊，咱俩想到一块儿了。

王　丽：这叫心有灵犀。怎么去？走路？

张　艳：还是骑车去吧，这样可以省不少时间。

王　丽：我们也可以多逛逛。

张　艳：那咱们赶紧准备一下吧。

王　丽：带个大的购物袋，袋子要结实，最好是布袋子，环保。

做练习

一、说一说

1. 根据情景完成会话。

（和朋友相约）

A：今天________________，咱们__________吧。

B：好啊。

（和朋友相约）

A：走路去好不好？

B：还是________去吧，更省时间。

2. 根据提示完成会话。

A：我们今天去外面的饭馆吃饭怎么样？

B：____________，__________。（心有灵犀）

A：我们可以多________了。

B：咱俩想到一块儿了。

逛逛	转转	看看	选选

3. 请和你的同学一起到教室前面表演前两题的对话。

二、连一连

逛	gǎn jí
省	gǎn jǐn
骑车	qí chē
赶紧	guàng
赶集	shěng

三、写一写

集

省

袋

四、做一做

1. 回家后请和家人模拟课文进行练习，并拍下视频发到班级群里。
2. 请用手机编辑文字“咱们去赶个集吧”发到班级群里。
3. 在写字本上写本课生字。

五、读一读

高山流水

春秋时期，有个叫俞伯牙的人。他精通音律，琴艺高超，是当时著名的琴师。一天夜里，俞伯牙乘船游览。面对清风明月，他又弹起琴来。忽听岸上有人叫绝，俞伯牙闻声走出船来，只见一个樵（qiáo）夫站在岸边。俞伯牙当即请樵夫上船，为他演奏。

俞伯牙弹起表现高山巍峨的曲调，樵夫说道：“真好！雄伟而庄重，好像高耸入云的泰山一样！”当俞伯牙弹起表现波涛奔腾的曲调时，樵夫又说：“真好！宽广而浩荡，好像滚滚的流水、无边的大海一般！”俞伯牙兴奋极了，激动地说：“知音！你真是我的知音！”这个樵夫就是钟子期。从此二人成了非常要好的朋友。

【高山流水】指知己难遇或音乐美妙。

扫一扫，听录音

第 5 单元 在集市

第 2 课 要货比三家

第 2 课时

学词语

词语	拼音	例句
新鲜	xīn xiān	①我们这里空气特别新鲜。 ②这条鱼是刚从湖里捞上来的，非常新鲜。
便宜	pián yi	①这道菜又便宜又好吃。 ②这家店的东西比较贵，那家更便宜。
老板	lǎo bǎn	①这家店的老板是上海人。 ②老板，给我来两个西瓜。
称	chēng	①请给我称一下。 ②这些菜还没称重，没办法付钱。
优惠	yōu huì	①老板，太贵了，优惠点儿吧。 ②这种洗衣液原价五十九元，优惠价三十九元。
找	zhǎo	①找您两块。 ②这是找您的零钱。
副	fù	①哥哥写了一副对联。 ②这副手套太暖和了。
耳环	ěr huán	①这对耳环很漂亮。 ②那位老奶奶戴着一对金耳环。
精致	jīng zhì	①这个茶壶非常精致。 ②这件衣服上的花纹很精致。
别的	bié de	①这个店还关着，别的都开了。 ②这个菜不好吃，别的都很好吃。

词语	拼音	例　　句
货比三家	huò bǐ sān jiā	①买东西时一定要货比三家。 ②她买东西特别仔细，经常是货比三家。
挑	tiāo	①这么多围巾，你随便挑。 ②我挑了一个红色的，妈妈挑了一个黑色的。

学会话

王丽和张艳正在赶集。

王　丽：张姐，这家的桃子可真新鲜，我想买点儿。

张　艳：还真是，又新鲜又便宜，我也来点儿。……老板，给我称一下。

老　板：十七块五，给您优惠点儿，十七吧。

张　艳：这是二十。

老　板：找您三块。

……

张　艳：丽丽，你看这副耳环真精致，你戴肯定好看。

王　丽：是挺好看的。咱们再去别的地方看看，要货比三家嘛。

张　艳：你说得对。咱们好好挑挑。

做练习

一、说一说

1. 根据情景完成会话。

（在集市上）

A：这________又________又________。

B：还真是，我也买点儿。

（在集市上）

A：一共二十六块，给您________，二十五吧。

B：谢谢。这是三十。

A：________五块。

2. 根据提示完成会话。

A：这副________怎么样？

B：________极了！

耳环　漂亮	墨镜　合适	手套　暖和	对联　好

A：老板，________________。（称）

B：________________，________________。（优惠）

A：这是________。

B：________________。（找）

3. 请和你的同学一起到教室前面表演前两题的对话。

二、连一连

新鲜	yōu huì
便宜	lǎo bǎn
老板	xīn xiān
优惠	pián yi
货比三家	huò bǐ sān jiā

三、写一写

鲜

板

货

四、做一做

1. 回家后请和家人模拟课文进行练习，并拍下视频发到班级群里。
2. 请用手机编辑文字“要货比三家”发到班级群里。
3. 在写字本上写本课生字。

五、读一读

车水马龙

东汉时期，章帝想给皇太后的娘家亲戚们加官封爵（jué）。太后知道后，表示坚决反对，她对章帝说：“我娘家那些人呀，就知道把持权力，只会吃喝玩乐。我曾经看见很多人去他们那里请安问候，门前的路上，车如流水，马如游龙。你给他们加官封爵只会害了国家。”

【车水马龙】形容繁华热闹的场景。

扫一扫，听录音

第5单元 在集市

第3课 给你打八折

第3课时

学词语

词语	拼音	例句
质量	zhì liàng	①这双鞋的质量真不错。 ②中国产品的质量越来越好了。
包	bāo	①包您满意！ ②这事包在我身上。
坏	huài	①牛奶过期了，坏了。 ②手机坏了，用不了了。
打折	dǎ zhé	①这条裤子打几折？ ②这条裤子现在打八折。
样式	yàng shì	①裙子的样式不错。 ②样式很新，质量也很好。
时髦	shí máo	①你的发型真时髦。 ②她是我们村最时髦的。
特价	tè jià	①超市里在卖特价菜。 ②土豆平时一斤一块二，今天特价只卖九毛。
薄利多销	bó lì duō xiāo	①薄利才能多销嘛。 ②这个商店薄利多销，人气很旺。
厉害	lì hai	①你这么快就学会了，真厉害。 ②他很厉害，一年就成了我们这儿的养羊能手。
赔钱	péi qián	①谁会做赔钱的买卖呢？ ②这笔生意我赔了很多钱。

学会话

张艳在集市上买鞋。

张　艳：老板，这鞋怎么卖？
老　板：一百五十块。这鞋质量好，包你十年穿不坏！
张　艳：太贵了！便宜一点儿吧。
老　板：给你打八折，一百二。
张　艳：这鞋样式不时髦，我还是去别家看看吧。
老　板：那你想多少钱买？
张　艳：八十，行的话我就拿走。
老　板：看你是真喜欢，给你个特价吧。
张　艳：谢谢老板。薄利才能多销嘛。
老　板：你真厉害，我都快赔钱了。

做练习

一、说一说

1. 根据情景完成会话。

（在商店）
A：老板，西瓜＿＿＿＿＿＿＿＿＿＿＿＿？
B：一块二一斤。

（在集市）
A：这杯子太贵了，能＿＿＿＿＿＿吗？
B：好吧，给你＿＿＿＿＿＿＿＿＿＿＿＿。

2. 根据提示完成会话。

A：这________怎么样？

B：特别好！________________。（包）

3. 请和你的同学一起到教室前面表演前两题的对话。

二、连一连

包	huài
坏	zhì liàng
打折	dǎ zhé
特价	bāo
质量	tè jià

三、写一写

折

价

钱

四、做一做

1. 回家后请和家人模拟课文进行练习，并拍下视频发到班级群里。
2. 请用手机编辑文字“这双鞋打五折”发到班级群里。
3. 在写字本上写本课生字。

五、读一读

塞翁失马

战国时期，有一位住在边塞的老人。一天，他的一匹马走丢了，邻居们都来安慰他，他却笑着说："丢了一匹马不一定是坏事。"果然没过几天，丢的马不仅自己回家了，还带回了一匹好马。邻居们听说了，都来祝贺他，老人却忧虑地说："白白得了一匹好马，不一定是好事。"

老人有个独生子喜欢骑马。他每天都骑着那匹好马出游，一天，他从马背上跌下来，摔断了腿。邻居们又来安慰他，老人说："没什么，腿摔断了却保住了性命，或许是福气呢。"

不久，边塞发生了战争，很多青年在战争中战死了。老人的儿子因为摔断了腿不能参加战争，反而活了下来。

所以福可以转化为祸，祸也可以转化为福。

【塞翁失马】比喻虽然暂时受到损失，但从长远看，也许会得到好处。

扫一扫，听录音

第 5 单元 在集市

第 4 课 来进货了

第 4 课时

学词语

词语	拼音	例　句
进货	jìn huò	①这种面包卖完了，该进货了。 ②这次我去农贸市场进了不少货。
可不是	kě bú shi	A：最近天气真热啊！ B：可不是！一动就一身汗。
牌子	pái zi	①这个牌子的牙膏很适合我。 ②对我来说，牌子不重要，质量好就行。
规格	guī gé	①要买这种规格的灯泡，别弄错了。 ②这两种电线的规格不一样，不能混用。
批发	pī fā	①我经常去批发市场进货。 ②批发价比较低，零售价要高一些。
送货	sòng huò	①我们可以送货上门。 ②送货的车已经来了。
爽快	shuǎng kuai	①他是个爽快人。 ②他爽快地答应了我的要求。
付款	fù kuǎn	①是货到付款吗？ ②怎么付款？付现金还是扫码？
二维码	èr wéi mǎ	①扫一下二维码就可以付款。 ②请扫一下二维码加入我们的群。

学会话

村商店店主小张在批发市场。

老　板：小张，又来进货了？

小　张：可不是嘛，王老板，这次我进点儿盐。现在一箱怎么卖？

老　板：（指着一箱盐）这种牌子和规格的卖得最好，现在批发价一百二十块一箱。

小　张：给我来二十箱吧。包送货吗？

老　板：你要多少我送多少！

小　张：王老板就是爽快！付款的二维码在哪儿？

老　板：你也爽快啊。

做练习

一、说一说

1. 根据情景完成会话。

（在批发市场）

A：来进货了？

B：对，我＿＿＿＿＿＿＿＿＿＿。

（在收银台）

A：您怎么付款？＿＿＿＿＿还是＿＿＿＿＿？

B：还是＿＿＿＿＿＿＿＿＿＿吧。

A：您扫一下这里。

2. 根据提示完成会话。

A：老板，________吗？（包）

B：没问题！

你________，我________。

去哪儿	吃什么	买多少　送多少	喜欢哪个　买哪个

3. 请和你的同学一起到教室前面表演前两题的对话。

二、连一连

进货	fù kuǎn
牌子	pī fā
批发	èr wéi mǎ
付款	jìn huò
二维码	pái zi

三、写一写

货

批

付

四、做一做

1. 回家后请和家人模拟课文进行练习，并拍下视频发到班级群里。
2. 请用手机编辑文字“扫二维码付款”发到班级群里。
3. 在写字本上写本课生字。

五、读一读

司空见惯

唐代有两位著名的诗人，一位叫刘禹（yǔ）锡（xī），另一位叫李绅（shēn）。当时刘禹锡被贬（biǎn），而李绅在官场上混得不错。有一天，李绅请刘禹锡到家里做客。为了让刘禹锡高兴，李绅还请来了歌女跳舞助兴。刘禹锡看后写下了一首诗，其中有一句是“司空见惯浑闲事”，意思是说，美女唱歌跳舞，你司空大人见得多了，不值得奇怪，简直就像平常事一样。

【司空见惯】司空：古代的一种官职。（刘禹锡在诗中用“司空”是对李绅的尊重。）指某事常见，不足为奇。

扫一扫，听录音

第5单元 在集市

第5课 农贸市场真热闹

第5课时

学词语

词语	拼音	例句
农贸	nóng mào	①农贸市场离这儿不远。 ②小王在县里开了一家农贸公司。
热闹	rè nao	①街上非常热闹。 ②孩子们都来了，家里热闹极了。
人山人海	rén shān rén hǎi	①街上人山人海的。 ②人们都来看表演了，广场上人山人海。
白发苍苍	bái fà cāng cāng	①这位白发苍苍的老人就是张奶奶。 ②老人家虽白发苍苍，但精神很好。
精神头儿	jīng shen tóur	①孩子们个个精神头儿十足。 ②都晚上十点了，她还很有精神头儿。
十足	shí zú	①我对你信心十足。 ②她是个十足的电影迷，这些电影她都看过。
大伯	dà bó	①大伯，请问村委会怎么走？ ②这位大伯非常热情地帮助了我。
小朋友	xiǎo péng yǒu	①小朋友，你叫什么名字？ ②幼儿园的小朋友们都来参加活动了。
挎	kuà	①她清晨挎着包去菜市场了。 ②她挎着篮子去地里摘菜了。
来来往往	lái lái wǎng wǎng	①路上的汽车来来往往。 ②街上来来往往的人很多。

词语	拼音	例　　句
商家	shāng jiā	①商家的服务越来越好了。 ②市场里的商家很多，竞争激烈。
叫卖	jiào mài	①市场里到处都是叫卖声，特别热闹。 ②老板的叫卖声很大，吸引了很多人来。
顾客	gù kè	①这家店的顾客很多。 ②商家要为顾客服务。
讨价还价	tǎo jià huán jià	①超市里不能讨价还价。 ②领导安排的工作要马上去做，不能讨价还价。
欢快	huān kuài	①孩子在公园里欢快地跑来跑去。 ②姑娘们伴随着欢快的乐曲跳起舞来。
交响曲	jiāo xiǎng qǔ	①这是一首交响曲。 ②泉水叮咚，鸟儿歌唱，这声音就像一首美妙的交响曲。

学课文

农贸市场真热闹啊！这里人山人海的，有白发苍苍的爷爷奶奶，有精神头儿十足的大伯大妈，有年轻的姑娘小伙儿，还有可爱的小朋友们。他们有的挎着篮子，有的拿着购物袋，来来往往。商家的叫卖声，顾客的讨价还价声，形成了一首欢快的农贸市场交响曲。

做练习

一、说一说

1. 完成会话。

（和朋友相约）

A：咱们怎么去？

B：还是________去吧，更省时间。

（在集市上）

A：老板，西瓜________________？

B：一块二一斤。

A：就要这个吧。________________？

B：一共九块六，给您________，九块吧。

A：谢谢。这是十块。

B：________一块。

（在收银台）

A：________________？________还是________？

B：支付宝。

A：您________一下这个二维码。

A：今天天气不错，咱们去赶个集吧。

B：好啊，________________。（想到一块儿）

A：这________________。（又……又……）
B：还真是，我也买点儿。

A：这__________怎么样？
B：特别好！________________。（包）

2. 和同学一起用学过的内容编一段在农贸市场讨价还价的对话（不少于 2 分钟），并到教室前面表演。

二、写一写

1. 给下列词语标拼音。

（　　　）赶集　（　　　）购物袋　（　　　）结实　（　　　）环保

（　　　）优惠　（　　　）质量　（　　　）时髦　（　　　）赔钱

（　　　）牌子　（　　　）二维码　（　　　）顾客　（　　　）欢快

2. 看拼音写字。

shěng（　　　）时间　huò（　　　）比三家　新 xiān（　　　）　老 bǎn（　　　）

打 zhé（　　　）　特 jià（　　　）　yàng（　　　）式　pī（　　　）发

fù（　　　）款　人 shān（　　　）人海　讨价 huán（　　　）价　交响 qǔ（　　　）

3. 在写字本上写本单元的生字。

三、答一答

1. 你经常去赶集吗？赶集都需要准备什么？

2. 在农贸市场买东西时我们需要注意什么？（货比三家、讨价还价）

3. 你买东西时一般怎么付款？

4. 你去过批发市场吗？那里的东西价格怎么样？

5. 讲一次你去农贸市场或批发市场买东西的经历。

扫一扫，听录音

美好知识窗

杭州西湖

西湖位于浙江省杭州市，景区总面积49平方千米。湖面被白堤（dī）、苏堤、杨公堤、赵公堤分割。苏堤春晓、断桥残雪、曲院风荷、花港观鱼、柳浪闻莺、雷峰夕照、三潭印月、平湖秋月、双峰插云、南屏晚钟组成了著名的“西湖十景”。民间传说《白蛇传》中的“断桥相会”“白娘子被压雷峰塔”等情节就与西湖十景有着联系。西湖自古以来受到文人墨客的钟爱，白居易、苏东坡、柳永等文学大家都留下了有关西湖的作品。

杭州西湖文化景观2011年被列入《世界遗产名录》。

第 6 单元 饲养山羊

第 1 课 一定要科学喂养

第 1 课时

学词语

词语	拼音	例句
秘诀	mì jué	①减肥的秘诀是什么？ ②你普通话说得这么好，有什么秘诀吗？
牲畜	shēng chù	①我们村每一家都有牲畜。 ②只要用心，牲畜不难养。
传授	chuán shòu	①你给我们传授一下教育孩子的经验吧。 ②这道菜你做得真好吃，快传授一下秘诀。
科学	kē xué	①我们应该相信科学。 ②我们得按照科学方法种田。
喂养	wèi yǎng	①牛羊都需要科学喂养。 ②经过我们的精心喂养，小鸟已经可以飞了。
配料	pèi liào	①包装袋上有食品配料说明。 ②做这种蛋糕需要很多配料。
牧草	mù cǎo	①这里的牧草很肥美。 ②这个草场里长的全部都是天然牧草。
补充	bǔ chōng	①天气干燥，身体需要多补充水分。 ②除了他说的，你有什么要补充说明的吗？
精	jīng	①孩子不能吃得太精，还得多吃粗粮。 ②人要吃五谷杂粮，吃得太精对身体也不是好事。
饲料	sì liào	①他给牛准备了饲料。 ②你们用什么饲料喂养鸡鸭？

词语	拼音	例　句
配方	pèi fāng	①煮茶叶蛋需要什么配料？你有配方吗？ ②这种药的配方很复杂，一般人很难看懂。
麸皮	fū pí	①麸皮是小麦磨成面粉的过程中筛下的种皮。 ②麸皮的营养价值比较高，对降低血糖也有好处。
米糠	mǐ kāng	①米糠是很好的牲畜饲料。 ②米糠大多是粮食的皮被打成碎片，混合果皮、种皮、外胚乳等加工制成的。
比例	bǐ lì	①农药要和水按一定的比例混合后才能使用。 ②混凝土是用水泥、沙、石子和水按一定比例混合制成的建筑材料。
宝贵	bǎo guì	①这个经验太宝贵了。 ②时间很宝贵，不要浪费。

学会话

王丽向邻居张艳咨询喂养技术。

王　丽：张姐，您家的山羊长得真好，您有什么养山羊的秘诀吗？

张　艳：你可问对人了，别的牲畜我不敢说，养山羊我还是很自信的。

王　丽：那快给我传授一下您的经验。

张　艳：一定要科学喂养，科学喂养最重要的是科学配料，只喂牧草营养是远远不够的。

王　丽：那还要补充什么呢？

张　艳：还要喂精饲料。我给你个配方，你看，玉米粉、豆饼、麸皮、米糠，按这个比例配好，还要注意多喂水。

王　丽：这经验太宝贵了，以后得多向您请教。

做练习

一、说一说

1. 根据情景完成会话。

（请教做菜）

A：做________有什么秘诀吗？

B：其实不难，________________。

（请教喂养孩子）

A：你家宝宝长得真好，________________？

B：________________，________________。

A：这经验太宝贵了，以后________________。

2. 根据提示完成会话。

A：你的发音真标准，________________？（秘诀）

B：________________。

A：________________，________________。（传授……经验）

B：减肥最主要的就是多运动。

3. 请和你的同学一起到教室前面表演前两题的对话。

二、连一连

秘诀	wèi yǎng
牲畜	mì jué
科学	kē xué
喂养	shēng chù
饲料	sì liào

三、写一写

牲

喂

料

四、做一做

1. 回家后请和家人模拟课文进行练习，并拍下视频发到班级群里。
2. 请用手机编辑文字“给我传授一下您的经验”发到班级群里。
3. 在写字本上写本课生字。

五、读一读

信口雌（cí）黄

西晋大臣王衍（yǎn）在文学名家山涛家里做客，以文雅的言谈举止获得众人赞赏，山涛却感叹道：“日后耽误天下的，未必不是此人啊！”

王衍讲学，每次遇到道理讲得不恰当时，便随口更改，毫不在乎。“雌黄”是一种矿物，柠檬黄色，古时人们写字用的是黄纸，如果把字写错了，用这种矿物涂一涂，就可以重写，所以人们称王衍是“口中雌黄”。王衍做事也习惯随便更改。他先把女儿嫁给太子为妃，后来太子被陷害，他怕受影响，赶快上表请求让女儿与太子离婚。后来王衍当了大官，但他的这个习惯仍不改，处在重要的职位上却不以天下为重，只顾扩张自己的权势。西晋王朝败亡，王衍不肯承担责任，随口说自己“一向不多管朝政，罪不在我”。

【信口雌黄】信：任凭，听任。比喻不顾事实，随口乱说。

扫一扫，听录音

第 6 单元 饲养山羊

第 2 课 羊圈设计得真巧妙

第 2 课时

学词语

词语	拼音	例句
不光	bù guāng	①她不光漂亮，也很聪明。 ②这道菜不光有营养，而且色香味俱全。
保持	bǎo chí	①保持公共环境卫生，人人有责。 ②保持自信是一个人成功最重要的前提。
羊圈	yáng juàn	①羊圈里的羊少了一只。 ②每天傍晚要把羊赶进羊圈。
细菌	xì jūn	①饭后漱口可有效减少口腔中的细菌。 ②吃饭前要先洗手，因为手上有很多细菌。
苦差事	kǔ chāi shi	①照顾小孩子是一件苦差事。 ②没想到他会去干这件苦差事。
盖	gài	①这座楼房是我们自己盖的。 ②他家的生活越来越好了，今年还盖了新房。
层	céng	①这座楼有二十多层。 ②我家住在二十二层。
粪便	fèn biàn	①羊的粪便要及时打扫。 ②牲畜的粪便中有很多细菌，需要及时清理。
漏	lòu	①水从手指缝中漏了下去。 ②羊圈有点儿漏雨，需要修整一下。
设计	shè jì	①这套房子设计得很好。 ②我在设计一个新羊圈。

词语	拼音	例句
巧妙	qiǎo miào	①这个方法很巧妙。 ②他巧妙地回答了记者的提问。
参观	cān guān	①能不能去你的新家参观参观？ ②周末我们打算去参观博物馆。
改造	gǎi zào	①房子太旧了，需要改造一下。 ②羊圈设计得不好，我想改造一下。

学会话

王丽和邻居张艳继续讨论山羊的喂养。

张　艳：丽丽，养山羊不光要让羊吃好，保持羊圈卫生也很重要。

王　丽：为什么这么说？

张　艳：羊圈不打扫就会有很多细菌，对羊的成长非常不利。

王　丽：不过，打扫羊圈是个苦差事，有没有保持羊圈卫生的好方法？

张　艳：我听说李大可家盖了二层的新羊圈，羊在二层，羊的粪便可漏到一层。

王　丽：羊圈设计得真巧妙。张姐，我们有时间去参观学习一下吧，我也想把我家的羊圈改造一下。

张　艳：我也正想去呢，咱这就跟李大可联系。

做练习

一、说一说

1. 根据情景完成会话。

（讨论喂养牲畜）

A：羊圈为什么要保持卫生？

B：________________，________________。

（讨论喂养牲畜）

A：你家的新羊圈是什么样的？

B：________________。

2. 根据提示完成会话。

A：________是个苦差事。

B：其实________。

打扫羊圈　并不累	种地　真不是	养孩子　很幸福	做家务　有乐趣

A：我们村________________，________________。（不光）

B：没错。

3. 请和你的同学一起到教室前面表演前两题的对话。

二、连一连

保持	cān guān
羊圈	shè jì
细菌	bǎo chí
设计	yáng juàn
参观	xì jūn

三、写一写

光											
圈											
层											

四、做一做

1. 回家后请和家人模拟课文进行练习，并拍下视频发到班级群里。
2. 请用手机编辑文字“羊圈不打扫就会有很多细菌”发到班级群里。
3. 在写字本上写本课生字。

五、读一读

无 能 为 力

春秋时期，秦国和晋国要组成联军攻打郑国，郑国的国君非常焦急。有人告诉他，有个叫烛之武的官员能够劝说秦国退军。国君立即召见了烛之武。烛之武对他说：“我年轻的时候就不如别人，现在年纪大了，就更没有这个能力了。”

【无能为力】多指没有能力去做好某件事情或解决某个问题。

扫一扫，听录音

第 6 单元 饲养山羊

第 3 课 母羊就要怀孕了

第 3 课时

学词语

词语	拼音	例　句
围	wéi	①小院用栏杆围着。 ②我们围着班长问这问那。
打架	dǎ jià	①小时候和同学打架的事早就忘了。 ②人与人之间应该友好相处，打架解决不了问题。
不停	bù tíng	①他不停地走来走去。 ②路上不停地有车辆驶过。
转	zhuàn	①我围着操场转了三圈。 ②她在家里总是围着女儿转。
发情	fā qíng	①牲畜在发情期很危险。 ②饲养员要注意动物的发情期。
配种	pèi zhǒng	①该给羊配种了。 ②配种需要技术员指导。
怀孕	huái yùn	①怀孕期间应注意营养。 ②她结婚后第二年就怀孕了。
原来如此	yuán lái rú cǐ	①原来如此，经她一解释，大家都明白了。 ②我一直不清楚这件事，现在知道了，原来如此。
看护	kān hù	①出门在外，大人要看护好孩子。 ②你一个人出门，要看护好自己的行李。

词语	拼音	例　句
以免	yǐ miǎn	①带上伞吧，以免挨淋。 ②今天太冷了，你多穿一些，以免感冒。
百事通	bǎi shì tōng	①她是我们这儿的百事通。 ②我们需要这样的百事通。

学会话

王丽来到邻居张艳家请教问题。

王　丽：张姐，这两天我家的羊总是围在一起，好像要打架。您知道是怎么回事吗？

张　艳：是公羊围着母羊不停地转吧？

王　丽：就是这样。这是怎么了？

张　艳：你家母羊发情了，这是羊在配种，母羊就要怀孕了。

王　丽：原来如此。那我应该注意什么？

张　艳：看护好羊群，别让公羊打架。给羊圈增加一些草料，以免母羊受寒。

王　丽：张姐，您就是个“百事通”，什么都知道。

做练习

一、说一说

1. 根据情景完成会话。

（讨论养羊的问题）

A：公羊围着母羊不停地转，这是________？

B：这是________________。

（讨论养羊的问题）

A：在母羊发情期，我们有什么要注意的？

B：________________________。

2. 根据提示完成会话。

A：看完这个________，你________了吧？

B：哦，原来如此。

视频　懂	说明　清楚	电影　了解	合同　明白

A：________________吧，以免________________。

B：好的。

3. 请和你的同学一起到教室前面表演前两题的对话。

二、连一连

打架	kān hù
发情	huái yùn
怀孕	fā qíng
看护	yǐ miǎn
以免	dǎ jià

三、写一写

围

孕

免

四、做一做

1. 回家后请和家人模拟课文进行练习，并拍下视频发到班级群里。
2. 请用手机编辑文字“母羊就要怀孕了”发到班级群里。
3. 在写字本上写本课生字。

扫一扫，听录音

五、读一读

双管齐下

唐代有位画家叫张璪（zǎo）。张璪画松树时总是双手各握一支毛笔，一支毛笔画新枝，另一支毛笔画枯枝。用两支笔画出来的松树，不论是新枝还是枯枝都生动逼真。人们非常喜欢他的画，称赞他的画为“神品”，纷纷上门求画。张璪这种双手拿笔，同时作画的方式，后来被人们称为“双管齐下”。

【双管齐下】管：笔。比喻为达到某个目的，同时采取两种措施，或同时做两件事情。

第 6 单元 饲养山羊

第 4 课 小羊病了

第 4 课时

学词语

词语	拼音	例句
兽医	shòu yī	①兽医站可以给宠物看病。 ②我家离兽医站很近，给羊看病很方便。
精神不振	jīng shén bú zhèn	①他这两天精神不振，可能没休息好。 ②他精神不振，脸色苍白，显然是病了。
耷拉	dā la	①他耷拉着眼睛，没有看我。 ②他的脸突然一耷拉，我知道他肯定生气了。
食欲	shí yù	①这个药会影响食欲。 ②这几天我食欲不太好，这些都不想吃。
鼻涕	bí tì	①小羊流鼻涕了。 ②亮亮，快把鼻涕擦干净。
食槽	shí cáo	①牛羊的食槽要经常打扫。 ②食槽一要清扫，二要消毒。
止痒	zhǐ yǎng	①这种花露水可以止痒。 ②芦荟汁有止痒的功效，你试试。
检查	jiǎn chá	①每年我们都应该检查身体。 ②试卷答完了，一定要仔细检查一遍。
严重	yán zhòng	①问题比我们想的严重。 ②现在粮食浪费太严重了，太不应该了。
感染	gǎn rǎn	①伤口要包扎好，防止感染。 ②他感染了这种病毒，现在在医院呢。

词语	拼音	例　句
消炎	xiāo yán	①这种药有消炎、止痛的功效。 ②嗓子发炎了，需要吃一些消炎药。

学会话

王丽带生病的小羊到兽医站。

王　丽：大夫您好，我家小羊病了。

兽　医：别着急，说说看是什么情况。

王　丽：从前天开始这只小羊精神不振，低着头，耷拉着耳朵，食欲也不好。

兽　医：有发热和流鼻涕现象吗？

王　丽：有，还在食槽上擦鼻子。

兽　医：那是在止痒。我来检查检查。

……

王　丽：是不是很严重？

兽　医：问题不大，是细菌感染了，我给羊打一针消炎退烧针。

王　丽：谢谢大夫。多亏我带小羊来了。

做练习

一、说一说

1. 根据情景完成会话。

（在兽医站）

A：大夫，我家的牛好像病了，________________。

B：我检查检查。

（在兽医站）

A：是不是很严重？

B：________________。

2. 根据提示完成会话。

（摔倒了）

A：是不是很严重？

B：________________，________________。（问题）

A：多亏带________来了，否则就耽误________了。

B：是啊。

小羊　治疗	孩子　病情	吃的　时间	现金　入场

3. 请和你的同学一起到教室前面表演前两题的对话。

二、连一连

兽医	duō kuī
检查	shòu yī
严重	xiāo yán
消炎	yán zhòng
多亏	jiǎn chá

三、写一写

兽

痒

亏

四、做一做

1. 回家后请和家人模拟课文进行练习，并拍下视频发到班级群里。
2. 请用手机编辑文字“带小羊到兽医站打针”发到班级群里。
3. 在写字本上写本课生字。

五、读一读

对症下药

三国时期有个名医叫华（huà）佗（tuó）。华佗给两个发烧头疼的人看病，用了不同的药。二人觉得很奇怪，就问他：“为什么病症相同用药却不同？”华佗对他们说：“吃药要看具体情况，你们症状相同，可是得病的原因却不同。一个是饮食不当损伤了脾胃，一个则是受了凉。”两人听后便放心服药，病很快就好了。

【对症下药】针对病症用药。比喻针对具体情况采取相应的措施。

扫一扫，听录音

第 6 单元 饲养山羊

第 5 课 我是养羊能手

第 5 课时

学词语

词语	拼音	例 句
农场	nóng chǎng	①农场里有各种各样的牲畜。 ②我们村有一个很大的农场。
从……到……	cóng… dào…	①他从早到晚都在看书。 ②从我家到村委会不太远。
可以说	kě yǐ shuō	①这里的变化可以说翻天覆地。 ②车祸中他只受了轻伤，可以说是不幸中的大幸。
无所不包	wú suǒ bù bāo	①市场里什么都卖，可以说无所不包。 ②图书馆什么书都有，农业的、科技的、文学的，无所不包。
过程	guò chéng	①做事情不光要看结果，也要重视过程。 ②习惯不是一下子就能养成的，需要一个过程。
技能	jì néng	①骑自行车也是一项技能。 ②新时代的农民应该学会一些现代养殖技能。
按时	àn shí	①我们要按时上下课。 ②要想健康就要按时吃饭、睡觉。
定期	dìng qī	①他会定期去看望父母。 ②他关注定期理财很久了。
消毒	xiāo dú	①羊圈需要定期消毒。 ②家里也需要定期用消毒水喷洒地面。

词语	拼音	例　　句
遛	liù	①他每天都要带狗出来遛遛。 ②晚饭后出门遛一遛，有助于消化。
判断	pàn duàn	①这是正确的判断。 ②判断真假需要常识。
处理	chǔ lǐ	①事情的处理结果要上报。 ②医生处理了病人的伤口。
夸	kuā	①大家都夸他很能干。 ②老师夸他最近进步很大。
能手	néng shǒu	①他是个养牛能手，牛养得特别好。 ②你真是个电脑能手，电脑方面的什么问题都能解决。

学课文

这几天我一直在农场学习怎样养羊，从饲养到配种，从保持卫生到预防疾病，可以说无所不包。虽然过程很麻烦，但是我学到了很多技能，觉得非常充实。现在，我可以每天按时给羊喂草、喂料，可以定期给羊圈消毒，还可以经常带它们出去遛遛，简单的病我也可以判断处理。姐妹们都夸我是养羊小能手。

做练习

一、说一说

1. 完成会话。

A：饲养山羊要注意什么？

B：________，________。

A：小羊病了怎么办？

B：________，________。

A：母羊怀孕要注意什么？

B：________，________。

A：怎么保持牲畜的卫生？

B：________，________。（定期）

A：那怎么让牲畜更健康呢？

B：________，________。（按时）

A：在村委会的夜校能学很多东西，________，________。（从……到……）

B：真不错！

2. 和同学一起用学过的内容编一段关于喂养牲畜的对话（不少于2分钟），并到教室前面表演。

二、写一写

1. 给下列词语标拼音。

( )	( )	( )	( )
牲畜	传授	科学	细菌
( )	( )	( )	( )
粪便	参观	发情	百事通
( )	( )	( )	( )
止痒	严重	技能	处理

2. 看拼音写字。

yǎng	liào	bǎo	juàn
喂（ ）	配（ ）	（ ）贵	羊（ ）
guāng	jì	yùn	miǎn
不（ ）	设（ ）	怀（ ）	以（ ）
shòu	kuī	néng	àn
（ ）医	多（ ）	（ ）手	（ ）时

3. 在写字本上写本单元的生字。

三、答一答

1. 你家养了什么牲畜？
2. 你养牲畜有什么经验？
3. 你带牲畜去过兽医站吗？当时情况怎么样？
4. 你养牲畜还有什么问题吗？
5. 你还想养什么？

扫一扫，听录音

美好知识窗

苏州园林

苏州园林是位于江苏省苏州市内的中国古典园林的总称。苏州素有“园林之城”的美誉，苏州园林始建于公元前6世纪，清末时城内外有园林170多处，现存50多处。苏州园林宅园合一，可赏，可游，可居。这种建筑形态是在人口密集和缺乏自然风光的城市中，人类依恋自然、追求与自然和谐相处的体现。

1997年，苏州园林中的拙（zhuō）政园、留园、网师园、环秀山庄被列入《世界遗产名录》。

第 7 单元 田间地头

第 1 课 什么天气适宜棉花生长

第 1 课时

学词语

词语	拼音	例　句
预报	yù bào	①中央气象台发布了大风降温预报。 ②天气预报说，今天傍晚会有中到大雨。
不利于	bú lì yú	①这样说话不利于团结。 ②打骂不利于孩子的健康成长。
适宜	shì yí	①这样的天气适宜户外运动。 ②南方的气候适宜柑橘的生长。
日照	rì zhào	①日照充足对很多作物有利。 ②北半球夏季日照时间长，有利于作物生长。
通俗	tōng sú	①他是一名通俗歌手。 ②面向孩子的科普读物一般都写得通俗易懂。
控制	kòng zhì	①大楼的门窗全由电脑控制。 ②我们应该学会控制自己的情绪。
土壤	tǔ rǎng	①保护土壤，人人有责。 ②东北的土壤非常适合水稻生长。
门	mén	①我们要学很多门功课。 ②培养孩子是一门很深的学问。
技术	jì shù	①我想学习修车技术。 ②你开车的技术真不错。
干燥	gān zào	①天气干燥，要多补水。 ②空气干燥，注意防火。

词语	拼音	例　　句
农作物	nóng zuò wù	①农作物长势良好。 ②气温和降水影响农作物的生长。
具体	jù tǐ	①你能具体介绍一下养羊的经验吗？ ②通知里只说活动月底举办，没有说具体哪一天。
分析	fēn xī	①我们先分析一下形势，再做决定吧。 ②您经验丰富，帮我们分析分析这种情况。
过量	guò liàng	①吃盐要适量，过量食用对身体不好。 ②大妈身体不舒服，可能是运动过量了。
抗涝	kàng lào	①花生抗旱，水稻抗涝。 ②有些作物抗涝能力强。

学会话

李刚和王丽在棉花地里。

李　刚：天气预报说最近半个月都有雨，这天气可不利于棉花生长啊。

王　丽：那什么天气适宜棉花生长呢？

李　刚：阳光充足，水分适宜，日照时间长，无风沙。

王　丽：什么是水分适宜？

李　刚：通俗讲，就是要控制土壤中的水分不多不少，这是一门技术。

王　丽：今年不像往年那么干燥，降水比较多。这种情况对其他农作物有利吗？

李　刚：要具体情况具体分析。棉花和蔬菜不能过量浇水，但小麦、水稻、玉米抗涝能力还不错。

王　丽：原来如此。

做练习

一、说一说

1. 根据情景完成会话。

（谈论种植棉花）

A：棉花生长对天气有什么要求？

B：________充足，________适宜，________时间长，________风沙。

A：总听说“水分适宜”，那么什么是水分适宜？

B：就是要让土壤中的水分________________。

2. 根据提示完成会话。

A：什么是劳逸结合？

B：________，就是________________。（通俗）

A：________________？

B：具体情况具体分析，________________。

3. 请和你的同学一起到教室前面表演前两题的对话。

二、连一连

日照	jù tǐ
适宜	rì zhào
风沙	mián huā
棉花	fēng shā
具体	shì yí

三、写一写

适

照

农

四、做一做

1. 回家后请和家人模拟课文进行练习，并拍下视频发到班级群里。
2. 请用手机编辑文字“这种情况对农作物有利”发到班级群里。
3. 在写字本上写本课生字。

五、读一读

弄 巧 成 拙

北宋有个著名画家叫孙知微。有一次，孙知微受一个寺院的委托，画一幅《九曜（yào）星君图》。勾画好草图以后，他便对几个学生说：“剩下上色的工作你们接着做吧。”孙知微走后，学生们发现画中水德星君的侍（shì）童手中拿着一个空瓶，便在瓶子里添画了一枝花。

过了几天，孙知微回来了。他看到侍童手中的瓶子里多了一枝花，哭笑不得："谁叫你们在瓶中加了花？这简直是弄巧成拙嘛！水德星君的瓶子是他制伏妖怪的宝贝，你们这么一加，便成了一只普通的花瓶。这不成了天大的笑话！"说完就把画撕了。

【弄巧成拙】本想要弄聪明，结果做了蠢事或把事情办糟了。

扫一扫，听录音

第 7 单元 田间地头

第 2 课 还得重新施肥

第 2 课时

学词语

词语	拼音	例 句
雨过天晴	yǔ guò tiān qíng	①雨过天晴，彩虹出来了。 ②连下了三天雨，今天终于雨过天晴了。
简直	jiǎn zhí	①这条裙子简直太好看了。 ②想不劳而获发大财，简直是白日做梦。
清新	qīng xīn	①早晨的空气非常清新。 ②窗帘的颜色非常清新。
施肥	shī féi	①该给水稻施施肥了。 ②施肥、浇水，每一样田间工作都需要认真对待。
白	bái	①你没听到啊，我都白说了。 ②这些工作没有白做，效果已经看到了。
重新	chóng xīn	①这个饭馆装修以后重新开业了。 ②这个字写得不好看，重新写一遍吧。
当务之急	dāng wù zhī jí	①当务之急是解决吃饭问题。 ②当务之急是先给病人治病。
积水	jī shuǐ	①雨后，操场上有很多积水。 ②马路上的积水很快被处理干净了。
排	pái	①雨太大了，院子里的水来不及排出去。 ②为了防止河水污染，工厂的废水不能乱排乱放。

词语	拼音	例　句
秧苗	yāng miáo	①秧苗长高了。 ②秧苗都死了。
淹	yān	①洪水把房屋都淹了。 ②这些秧苗都被淹死了。
暴晒	bào shài	①这盆花不能在阳光下暴晒。 ②在夏天这样暴晒，谁都受不了。
腐烂	fǔ làn	①这些菜叶已经腐烂了。 ②这些秧苗的根快腐烂了。
完全	wán quán	①我完全同意你的看法。 ②这些技术他已经完全掌握了。
沟	gōu	①路边有一条水沟。 ②他骑自行车不小心，掉到沟里了。
贤内助	xián nèi zhù	①妻子是我的贤内助。 ②多亏我有一个贤内助，不然这些工作可完不成。

学会话

李刚和王丽在田间。

王　丽：这场雨太大了，现在雨过天晴，空气太清新了！简直跟洗过一样。

李　刚：空气确实不错，不过，经过这场大雨，给水稻的肥可是白施了。

王　丽：可不是！还得重新施肥。

李　刚：当务之急是把积水排出去，秧苗被淹时间太长，再被太阳暴晒容易腐烂。

王　丽：排水的时候还得注意，不能完全排干。

李　刚：是啊。这样，我在这边开个沟，你在那边开。

王　丽：等明天田里的雨水没这么多了，我们再重新施肥。

李　刚：说得对。你真是我的贤内助！

做练习

一、说一说

1. 根据情景完成会话。

（在水稻田里）

A：水稻田里的水是不是越多越好？

B：________________，________________。

（大雨之后）

A：这些水稻还需要再施肥吗？

B：________________，________________。

2. 根据提示完成会话。

A：________怎么样？

B：________________________。（简直）

A：我觉得________________，________________。（白）

B：哪有啊，效果还是很不错的。

A：我们什么时候去？

B：________________。（等）

3. 请和你的同学一起到教室前面表演前两题的对话。

二、连一连

简直	yāng miáo
清新	bào shài
秧苗	qīng xīn
施肥	jiǎn zhí
暴晒	shī féi

三、写一写

肥

苗

淹

四、做一做

1. 回家后请和家人模拟课文进行练习，并拍下视频发到班级群里。

2. 请用手机编辑文字“当务之急是把积水排出去”发到班级群里。

3. 在写字本上写本课生字。

五、读一读

如 鱼 得 水

三国初期，曹操的实力很强大，而刘备在做皇帝之前，无权无势。但刘备是个有很大志向的人。这时有人向他推荐了诸葛亮，说那是个很了不起的人才，劝刘备一定要把诸葛亮请来帮助自己。于是，为了请诸葛亮来协助自己获得天下，刘备先后三次亲自到他住的草屋拜访。诸葛亮看到刘备非常诚恳，终于同意与刘备见面。二人会面后，刘备向诸葛亮请教了许多治理国家的方法。诸葛亮仔细分析了当时的形势，建议刘备先占据湖北的荆州，这样才能有机会和曹操、孙权互相对抗。

刘备非常赞同诸葛亮的观点，高兴地对自己的结拜兄弟关羽和张飞说："我得到孔明（诸葛亮的字）先生的帮助，就好像鱼儿得到了水一样。"

【如鱼得水】比喻有所凭借，也比喻遇到很适合自己的环境。

扫一扫，听录音

第 7 单元 田间地头

第 3 课 玉米的根烂了

第 3 课时

学词语

词语	拼音	例　　句
收成	shōu cheng	①农民们都希望有个好收成。 ②今年阳光充足，水分适宜，一定会有个好收成。
预测	yù cè	①你能预测一下玉石的行情吗？ ②比赛前总有人在预测最终结果。
准	zhǔn	①你预测得准不准？ ②这块表走得准不准？
大枣	dà zǎo	①新疆盛产大枣。 ②产妇多吃大枣对身体比较好。
不好说	bù hǎo shuō	①这次比赛谁赢谁输还不好说。 ②什么时候能去现在不好说，等等看吧。
……得不是时候	…de bú shì shí hou	①你这话说得不是时候。 ②是不是我来得不是时候？我看你们要出门。
指导	zhǐ dǎo	①她是我们的指导老师。 ②我们都不太懂这些技术，想请您给我们指导一下。
钾肥	jiǎ féi	①给农作物施一些钾肥，可促进其光合作用。 ②农作物缺少钾肥就会得“软骨病”，易倒伏。
看来	kàn lái	①这些餐具没动，看来她昨晚没吃饭。 ②你会唱这么多歌，看来你对音乐很感兴趣。

学会话

李刚和王丽在自家玉米地里。

王　丽：老公，你觉得今年咱家的收成会怎样？看你预测得准不准。

李　刚：我觉得小麦会有一个好收成，但玉米、棉花和大枣不好说。

王　丽：最近雨水太多了。

李　刚：是啊。这几场雨下得不是时候。你看这玉米，有不少根已经烂了，得赶快处理。

王　丽：怎么处理？

李　刚：我听过李技术员的农技指导课，施一些钾肥应该可以解决。

王　丽：看来科学种田很重要啊！

李　刚：那当然了！我们要学的还有很多。

做练习

一、说一说

1. 根据情景完成会话。

（在麦地里）

A：你觉得今年收成会怎样？

B：__________，我预测__________________。

（大雨过后）

A：秧苗被雨水泡倒了，怎么办？

B：________________。

2. 根据提示完成会话。

A：________________，____________________________。

（……得不是时候）

B：哪里啊！欢迎欢迎！

A：蓝天队又进了一个球，____________________。（看来）

B：________________，____________________。（不好说）

3. 请和你的同学一起到教室前面表演前两题的对话。

二、连一连

准	zhǐ dǎo
收成	zhǔn
预测	jiǎ féi
指导	yù cè
钾肥	shōu cheng

三、写一写

收

测

准

四、做一做

1. 回家后请和家人模拟课文进行练习，并拍下视频发到班级群里。
2. 请用手机编辑文字“今年的收成怎么样”发到班级群里。
3. 在写字本上写本课生字。

五、读一读

拔苗助长

春秋时期，宋国有一个农民，他总是觉得田里的庄稼长得太慢，心想：有什么办法能让它们长得快些呢？

有一天，他终于想出了一个主意。他来到田里，把禾苗一棵一棵地往上拔。回到家里后他夸口说：“今天可把我累坏了，我帮助禾苗长高了好几寸！”他儿子听了，赶忙跑到田里去看，发现禾苗已经全都枯（kū）死了。

【拔苗助长】拔：抽出、拉出。比喻违反事物的发展规律，急于求成，反而坏事。

扫一扫，听录音

第 7 单元 田间地头

第 4 课 这是粮仓

第 4 课时

学词语

词语	拼音	例　句
罐子	guàn zi	①这些玻璃罐子可以装糖果。 ②那几个巨大的罐子装的都是粮食。
专门	zhuān mén	①这些菜是我专门为你做的。 ②这是专门用来进行普通话培训的教材。
用来	yòng lái	①这个小碗是用来干什么的？ ②这个小碗是专门用来喂猫的，你别动。
储存	chǔ cún	①地窖中储存了很多白菜。 ②现在冬天不需要储存太多萝卜了。
粮食	liáng shi	①要珍惜粮食，不能浪费。 ②要保证群众的粮食供应。
粮仓	liáng cāng	①粮食储存在粮仓里。 ②荒凉的“北大荒”早已变成了祖国的粮仓。
功能	gōng néng	①手机的功能越来越多了。 ②这种锅有蒸、煮、烤等很多功能。
防潮	fáng cháo	①这些面粉要注意防潮。 ②这种箱子可以防潮，适合存放药品。
隔热	gé rè	①棉手套可以隔热。 ②杯子里有一个隔热层，可以保温，拿着杯子也不烫手。

词语	拼音	例句
销售	xiāo shòu	①今年这种产品的销售量大幅度下降。 ②产品要能生产出来，还要能销售出去。
收购	shōu gòu	①这个公司每年都会收购我们这里的小白杏。 ②粮食收购价不能低于国家规定的粮食最低收购价。
渠道	qú dào	①财富需要通过合法的渠道获得。 ②在互联网时代，学习的渠道多种多样。
吉言	jí yán	①多说吉言有利于沟通。 ②借您吉言，希望手术成功。

学会话

王丽来到农场参观、学习。

王　丽：这几个大罐子里面装的是什么呀？

农场主：这是专门用来储存粮食的粮仓。

王　丽：这样的粮仓有什么功能？

农场主：可以防潮、防虫、通风、隔热等，很适合存放粮食。

王　丽：这么多粮食销售到哪里呢？

农场主：除了国家的粮食收购点以外，我们自己也有专门的销售渠道。

王　丽：希望你们卖个好价钱。

农场主：谢谢吉言！

一、说一说

1. 根据情景完成会话。

（在农场）

A：那几个大________是装什么的？

B：是储存粮食的________。

（在农场）

A：粮食________到哪里呢？

B：除了国家的______________以外，我们自己也有专门的______________。

2. 根据提示完成会话。

A：这是什么？

B：这是______________________。（用来）

A：这种粮仓有什么________？

B：可以________。

功能　防潮	特点　通风	好处　防虫	优点　隔热

3. 请和你的同学一起到教室前面表演前两题的对话。

二、连一连

专门	liáng shi
储存	liáng cāng
粮食	xiāo shòu
粮仓	chǔ cún
销售	zhuān mén

三、写一写

存

粮

售

四、做一做

1. 回家后请和家人模拟课文进行练习，并拍下视频发到班级群里。

2. 请用手机编辑文字“这是专门用来储存粮食的粮仓”发到班级群里。

3. 在写字本上写本课生字。

扫一扫，听录音

五、读一读

天衣无缝

古时候，有个年轻人名叫郭翰（hàn）。盛夏的一个晚上，他在大树底下乘凉。突然间，一个美丽的仙女从天上飘然而来。郭翰发现仙女漂亮的衣裙竟然连一条衣缝也没有，他惊奇地问道：“你的衣服怎么没有衣缝呢？”仙女笑道：“我穿的是天衣，天衣不是用针缝的，怎么会有衣缝呢？”

【天衣无缝】比喻事物非常自然、完美，无任何纰（pī）漏破绽（zhàn）可寻。

第 7 单元 田间地头

第 5 课 | 人勤地生宝

第 5 课时

学词语

词语	拼音	例　　句
勤	qín	①勤能致富是老话。 ②勤能生财是良言。
懒	lǎn	①有的贫穷是由懒导致的。 ②这个孩子太懒了，每天除了吃就是睡。
勤快	qín kuai	①他特别勤快，每天很早就起床干活儿了。 ②丽丽是个勤快人，把家里收拾得又干净又整洁。
庄稼	zhuāng jia	①种庄稼有很多学问。 ②你家的庄稼长得不错。
长势	zhǎng shì	①庄稼的长势喜人。 ②今年的玉米长势非常好。
来年	lái nián	①来年我们再相见。 ②今冬麦盖三层被，来年枕着馒头睡。
付出	fù chū	①付出终有回报。 ②老师们为学生付出了很多心血。
投机取巧	tóu jī qǔ qiǎo	①靠投机取巧获得的成功早晚会败露的。 ②做什么事情都不要投机取巧，要脚踏实地。
安逸	ān yì	①他们的晚年生活非常安逸。 ②那只猫安逸地卧在窗台上晒太阳。

词语	拼音	例句
享乐	xiǎng lè	①因为他太贪图享乐，日子过得越来越差。 ②只知享乐、不知奋斗的思想，非常要不得。
通过	tōng guò	①通过小李我认识了这位农林专家。 ②我通过朋友介绍获得了这份工作。
辛勤	xīn qín	①各行各业的人都在辛勤工作。 ②工人师傅们日夜辛勤工作，终于按期完工了。

学课文

我们农民有句俗话："人勤地生宝，人懒地生草。"意思是：人勤快了，地里的庄稼长势好，来年就会有个好收成；人如果懒了，地里的草就会长得比庄稼还要高。这句话告诉我们要勤快，付出多少，就会得到多少，投机取巧肯定是不行的。安逸享乐不会得到幸福，真正的幸福是通过辛勤的劳动换来的。

做练习

一、说一说

1. 完成会话。

（谈论种植棉花）

A：棉花生长对天气有什么要求？

B：________充足，________适宜，________时间长，________风沙。

A：总听说“水分适宜”，那么什么是水分适宜？

B：就是要让土壤中的水分________________。

（在水稻田里）

A：水稻田里的水是不是越多越好？

B：________________。

A：秧苗被雨水泡倒了，怎么办？

B：________________，________________。

A：________怎么样？

B：________________。（简直）

A：他今天没来上课，________________。（看来）

B：________________，________________。（不好说）

A：你是怎么认识丽丽的？

B：________________。（通过）

2. 和同学一起用学过的内容编一段关于在田间地头种植农作物的对话（不少于 2 分钟），并到教室前面表演。

二、写一写

1. 给下列词语标拼音。

（　　　　）	（　　　　）	（　　　　）	（　　　　）
适宜	具体	土壤	分析

(　　　) (　　　) (　　　) (　　　)

施肥　　贤内助　　排水　　预测

(　　　) (　　　) (　　　) (　　　)

指导　　储存　　防潮　　勤快

2. 看拼音写字。

zhào　　shù　　nóng　　zhí

日(　　)　技(　　)　(　　)作物　简(　　)

qīng　　wù　　miáo　　wán

(　　)新　当(　　)之急　秧(　　)　(　　)全

shōu　　shuō　　zhuān　　zhuāng

(　　)成　不好(　　)　(　　)门　(　　)稼

3. 在写字本上写本单元的生字。

三、答一答

1. 最近天气怎么样？什么样的天气有利于农作物生长？
2. 根据天气情况，请预测一下最近农作物的长势。
3. 请预测一下今年农作物的收成。
4. 谈谈你家的农作物是如何储存和销售的。
5. 谈谈你对“人勤地生宝，人懒地生草”的理解。

扫一扫，听录音

美好知识窗

秦始皇陵及兵马俑坑

秦始皇陵及兵马俑（yǒng）坑位于陕西省西安市临潼区。秦始皇陵兵马俑坑共有三个，称为一号坑、二号坑和三号坑。其中一号坑最大，约 6000 个跟真人真马一样大小的陶俑、陶马排成整齐的队形，威武地站在深 5 米的墓坑砖地上。这些陶俑造型逼真，形态各异，被誉（yù）为“世界第八大奇迹”。每年都有世界各地的游客慕名前来参观。

秦始皇陵及兵马俑坑 1987 年被列入《世界遗产名录》。

第 8 单元 农业指导

第 1 课 葡萄都快枯萎了

第 1 课时

学词语

词语	拼音	例　句
枯萎	kū wěi	①地里的庄稼枯萎了。 ②由于长期干旱，禾苗全都枯萎了。
受……影响	shòu···yǐng xiǎng	①我受爸爸影响，也很喜欢京剧。 ②受气候影响，农作物出现大面积减产。
病虫害	bìng chóng hài	①病虫害防控很重要。 ②随着气温的上升，病虫害多了起来。
多少	duō shǎo	①他没说话，但脸上多少有些不高兴。 ②孩子多少有一些进步，我们应该鼓励才对。
提前	tí qián	①你应该提前告诉大家，不该临时通知。 ②请大家提前准备好，我们十点准时出发。
预防	yù fáng	①要及时增添衣物，预防感冒。 ②疫情面前，我们要做好预防。
一向	yí xiàng	①她家一向都这么干净。 ②小李一向都来这么早。
明智	míng zhì	①不计较小事，这是明智的。 ②让孩子上这个学校是明智的选择。
未雨绸缪	wèi yǔ chóu móu	①我这是未雨绸缪，有备无患。 ②他未雨绸缪，给孩子们存了教育金。
根据	gēn jù	①根据我的经验，这是行之有效的。 ②根据乡里的要求，明天开始大扫除。

词语	拼音	例　　句
喷洒	pēn sǎ	①农民给庄稼喷洒了农药。 ②公共场所应该定期喷洒消毒液。
农药	nóng yào	①农药要合理使用。 ②树上的苹果不能摘，刚喷洒了农药。

学会话

王丽和邻居张艳在葡萄园。

王　丽：您瞧，我家这一大片葡萄都快枯萎了。

张　艳：这是受病虫害的影响，情况还挺严重的。

王　丽：您家葡萄有这种情况吗？

张　艳：多少也有一些，不过我提前进行了预防，影响不大。

王　丽：张姐，您一向都这么明智，什么事都做在前面。

张　艳：这叫未雨绸缪。

王　丽：那我现在该怎么做？

张　艳：应该是根据葡萄受害情况，喷洒对应的农药。

王　丽：明白了，我这就去找李技术员。

做练习

一、说一说

1. 根据情景完成会话。

（谈论病虫害）

A：你家葡萄受到________影响了吗？

B：受到了。好在我________进行了预防。

A：什么事你都是________前面，真了不起。

（询问防病方法）

A：有病虫害了怎么办？

B：________受害情况，喷洒对应的农药。

2. 根据提示完成会话。

A：你家葡萄（树）怎么了？

B：________了。

枯萎	长虫	生病	死

A：我家葡萄受到了________的影响。

B：得赶紧________________。

病虫害　喷洒农药	暴雨　处理	干旱　浇水	冷空气　想办法

3. 请和你的同学一起到教室前面表演前两题的对话。

二、连一连

枯萎	pēn sǎ
影响	bìng chóng hài
提前	kū wěi
喷洒	tí qián
病虫害	yǐng xiǎng

三、写一写

枯

害

防

四、做一做

1. 回家后请和家人模拟课文进行练习，并拍下视频发到班级群里。

2. 请用手机编辑文字“根据葡萄受害情况，喷洒对应的农药”发到班级群里。

3. 在写字本上写本课生字。

五、读一读

事半功倍

战国中期，战乱频（pín）频，民不聊生。孟子对学生说：“当年周文王施行仁政，仅以方圆一百里为基础，步步为营，使国家变得富强起来，后来他的儿子周武王打败了商纣王，建立了周朝。齐国这样的大国，如果也能这样做，只要付出一半的代价就能结束战乱，统一全国。”

【事半功倍】比喻费力小，收效大。与“事倍功半”意思相反。

扫一扫，听录音

第 8 单元 农业指导

第 2 课 农药要轮换着打

第 2 课时

学词语

词语	拼音	例　句
按照	àn zhào	①按照乡里的安排，明天开始打农药。 ②按照计划，我们明天到达乌鲁木齐。
分别	fēn bié	①我有两个表弟，他们分别在山东和河南。 ②大李和小李分别要在星期二和星期三出发去县里。
治	zhì	①这种病不太好治。 ②这种药专治你这种病。
混合	hùn hé	①可以把这两种菜混合在一起炒。 ②我国乒乓球运动员获得了男女混合双打冠军。
轮换	lún huàn	①村民轮换着去农场参观学习。 ②为保证病人时刻有人看护，这些护士都是轮换着休息。
防止	fáng zhǐ	①勤洗手，讲卫生，防止生病。 ②为了防止出现意外，河边都安装了护栏。
抗药性	kàng yào xìng	①一种药吃的时间太长，身体多少会产生抗药性。 ②身体对这种药有了抗药性后，最好换另一种药。
另外	lìng wài	①一定要注意安全，另外，还要注意别感冒。 ②除了这件事，我还有另外一件事要跟你商量。
防毒	fáng dú	①这个防毒面具你戴上吧。 ②喷洒农药时要注意防毒。

词语	拼音	例句
造成	zào chéng	①这次事故造成了多人伤亡。 ②这次灾害造成的损失很大。
伤害	shāng hài	①她总是担心孩子受到伤害。 ②狗是人类的朋友，我们不要伤害它们。
但愿	dàn yuàn	①但愿我能帮到你。 ②但愿人长久，千里共婵娟。

学会话

王丽和李技术员在葡萄园。

王　　丽：李技术员，我按照您说的，分别买了治病害和虫害的农药。

李技术员：按照农药说明书上的比例，把农药与水混合，然后打到葡萄上。

王　　丽：要打几次呢？

李技术员：四五次吧，我给你的这几种农药要轮换着打。

王　　丽：为什么要这么麻烦？

李技术员：为了防止葡萄产生抗药性。另外，你要做好防毒准备，以免农药对你造成伤害。

王　　丽：我会的。但愿喷洒农药后，葡萄会好起来。

做练习

一、说一说

1. 根据情景完成会话。

（讨论喷洒农药）

A：我把农药买回来了，怎么用？

B：按照________上的比例调配好就可以喷洒了。

（讨论喷洒农药）

A：喷洒农药的时候要注意什么？

B：________________，另外，________________。

2. 根据提示完成会话。

A：________说明书上的比例配好就可以用了。

B：________了。

按照　明白	根据　知道	遵照　听懂	依照　清楚

A：你还需做好________准备，以免________________。

B：谢谢。

3. 请和你的同学一起到教室前面表演前两题的对话。

二、连一连

按照	zào chéng
分别	fáng dú
混合	àn zhào
防毒	fēn bié
造成	hùn hé

三、写一写

按

治

另

四、做一做

1. 回家后请和家人模拟课文进行练习，并拍下视频发到班级群里。
2. 请用手机编辑文字“这几种农药要轮换着打”发到班级群里。
3. 在写字本上写本课生字。

五、读一读

柳暗花明

南宋诗人陆游被朝廷免去官职后，在家乡闲居。有一天，陆游去一个村庄拜访友人，友人及左邻右舍听说陆游来访，都热情地接待他，家家户户摆酒设宴相迎。淳朴的民风使陆游十分感动，他诗兴大发，写下诗篇《游山西村》。诗中有这样两句：山重水复疑无路，柳暗花明又一村。诗句既描绘了大自然的景象，又表达了诗人对未来寄予希望的心境。

【柳暗花明】暗：浓绿。明：亮丽。本意是形容美丽的景色。后来多用来比喻在困境中看到希望。

扫一扫，听录音

第 8 单元 农业指导

第 3 课 施的是有机肥

第 3 课时

学词语

词语	拼音	例　句
缓	huǎn	①睡了一天，我终于缓过来了。 ②这些花浇水后，有些已经缓过来了。
除此之外	chú cǐ zhī wài	①除此之外，我别无他求。 ②他除此之外再没有别的爱好。
降解	jiàng jiě	①有机磷农药很容易降解。 ②降解后的农药毒性会大大减弱，有的甚至会消失。
有机肥	yǒu jī féi	①有机肥比化肥安全。 ②有机肥不会给环境造成污染。
化肥	huà féi	①农家肥不如化肥见效快。 ②长期施用化肥会造成土壤恶化。
保证	bǎo zhèng	①我们保证完成任务。 ②我保证以后不再迟到了。
结	jiē	①院里的枣树结出了又大又甜的枣。 ②雷锋精神已经在广大青少年中结出硕果。
口感	kǒu gǎn	①自家种的菜口感很好。 ②这种咖啡的口感比那种更好。
损伤	sǔn shāng	①爬山有可能对膝盖造成损伤。 ②赤壁之战中曹操的人马损伤了大半。

词语	拼音	例　句
尽量	jǐn liàng	①晚上尽量少出门。 ②能帮助别人就尽量帮忙。
天然	tiān rán	①这块是天然的玉石。 ②泉水是天然的饮品。
绿色食品	lǜ sè shí pǐn	①绿色食品不是绿颜色的食品。 ②无污染的绿色食品很受欢迎。
食品安全	shí pǐn ān quán	①我们一定要注意食品安全。 ②食品质量认证是保障食品安全的一项措施。

学会话

王丽和邻居张艳在葡萄园。

张　艳：丽丽，你看，喷洒过农药后，你家的葡萄缓过来了。

王　丽：是啊，光农药我就打了四五种呢，除此之外，我还给葡萄施了肥。

张　艳：现在的农药都是可降解的。你施的肥是有机肥还是化肥？

王　丽：我施的是有机肥。有机肥环保，既能保证结出的葡萄口感好，同时又不损伤土地。

张　艳：是啊，尽量减少使用化肥，这样才能长出天然的绿色食品，让人吃得放心。

王　丽：对，食品安全最重要。

做练习

一、说一说

1. 根据情景完成会话。

（谈论施肥）

A：你用的________有机肥________化肥？

B：我用的是有机肥。

（谈论施肥）

A：有机肥主要是环保。

B：是的，________能保证结出口感好的葡萄，________不损伤土地。

2. 根据提示完成会话。

A：小刘家为什么越过越好？

B：________________，________________。（除此之外）

A：亮亮，这次你没完成作业，以后打算怎么办？

B：________________。（保证）

3. 请和你的同学一起到教室前面表演前两题的对话。

二、连一连

化肥	sǔn shāng
口感	tiān rán
尽量	huà féi
损伤	jǐn liàng
天然	kǒu gǎn

三、写一写

此

化

证

四、做一做

1. 回家后请和家人模拟课文进行练习，并拍下视频发到班级群里。
2. 请用手机编辑文字“有机肥环保，不损伤土地”发到班级群里。
3. 在写字本上写本课生字。

扫一扫，听录音

五、读一读

开 卷 有 益

宋太宗赵光义命令宰相李昉（fǎng）组织编写了一部学术价值很高的百科全书，叫《太平御览》。这部书总字数达 478 万字。宋太宗规定自己每天要看三卷。大臣们劝他不要太劳累了，宋太宗回答说：“只要打开这部书阅读，就能从中获益，也就不感到劳累了。”

【开卷有益】开卷：打开书本，指读书。读书有很多好处。

第 8 单元 农业指导

第 4 课 灌溉要讲究适度

第 4 课时

学词语

词语	拼音	例　句
浇地	jiāo dì	①浇地需要注意什么？ ②大人在浇地，孩子在旁边玩儿水。
旱	hàn	①今年大旱。 ②涝时排水，旱时浇水。
如果再不……就……	rú guǒ zài bù…jiù…	①如果再不快点儿就迟到了。 ②这个问题如果再不注意就严重了。
通常	tōng cháng	①他通常是第一个到教室的。 ②我通常都是七点醒，今天比平时早一些。
品种	pǐn zhǒng	①羊的品种很多。 ②科学家培育出许多优良的农作物品种。
以为	yǐ wéi	①我以为你不来了呢。 ②我一直以为你是个老师，原来你是公务员啊。
果实	guǒ shí	①果园里的果实成熟了。 ②这是今天的劳动果实。
灌溉	guàn gài	①如果我是春雨，我将灌溉所有的旱地。 ②我们要推广滴灌、喷灌等节水灌溉技术。
讲究	jiǎng jiu	①她吃穿都很讲究。 ②我们无论处理什么问题，都要讲究方法。

词语	拼音	例　　句
适度	shì dù	①锻炼也需适度，过度反倒不好。 ②生活水平提高了也应该适度消费。
建议	jiàn yì	①我接受了他的建议。 ②村主任建议大家都来参加晚会。

学会话

王丽和李技术员在田间相遇。

李技术员：小丽，在浇地啊。

王　　丽：是啊，好久都没下雨了，比较旱。如果再不浇点儿水，葡萄就该干死了。

李技术员：这会儿正是葡萄生长的时候，不能缺水。

王　　丽：我通常一个星期浇一次。

李技术员：这可不行，浇得有点儿多了，你种植的品种一个月浇一次就行。

王　　丽：我还以为多浇水就可以结出更多果实呢。

李技术员：不是这样的。灌溉要讲究适度，浇得多、浇得勤不一定好。

王　　丽：谢谢您的建议。

做练习

一、说一说

1. 根据情景完成会话。

（在田间）

A：在浇地啊。

B：是啊，再不________麦苗就干死了。

（交流灌溉情况）

A：这种葡萄多长时间浇一次？

B：通常来说，________________。

A：一周一次怎么样？

B：那可不行，太________了。灌溉要讲究________。

2. 根据提示完成会话。

A：________多长时间浇一次水？

B：________左右。

棉花　一周	葡萄　两星期	土豆　一星期	苹果树　两天

A：你怎么这么努力？

B：________________。（再不……就……）

3. 请和你的同学一起到教室前面表演前两题的对话。

二、连一连

灌溉	tōng cháng
建议	pǐn zhǒng
品种	shì dù
适度	jiàn yì
通常	guàn gài

三、写一写

浇

旱

适

四、做一做

1. 回家后请和家人模拟课文进行练习，并拍下视频发到班级群里。

2. 请用手机编辑文字“灌溉要讲究适度，浇得多、浇得勤不一定好”发到班级群里。

3. 在写字本上写本课生字。

五、读一读

游刃（rèn）有余

战国时期，有个厨师宰牛的技术非常高超。有一次，他给梁惠王宰牛，梁惠王见他宰得又快又好，惊奇地问道：“你的技术是怎么达到这个地步的呢？”

厨师回答：“我的技术高超不只是因为熟练，还由于掌握了其中的规律，搞清楚了牛的骨骼结构。牛的骨节之间是有缝隙的，而刀刃是很薄的，我宰牛时就顺着骨缝进刀，慢慢转动那薄薄的刀刃来分解有间隙的骨节，宰起牛来就觉得不费什么力气了，里面还挺宽余的呢。”梁惠王听了称赞说：“我听了你的话也受到很大启发啊。”

【游刃有余】游：移动。刃：刀刃。余：余地。比喻做事熟练，有实际经验，解决问题毫不费事。

扫一扫，听录音

第 8 单元 农业指导

第 5 课 高科技走进农田

第 5 课时

学词语

词语	拼音	例 句
惊喜	jīng xǐ	①这真是一个大大的惊喜。 ②这些变化让人感到惊喜。
领域	lǐng yù	①他是农业领域的专家。 ②他们兄弟俩在不同的领域都取得了很大成就。
例外	lì wài	①别的人都愿意去，只有他例外。 ②这种作物通常一周浇一次水，雨季例外。
以往	yǐ wǎng	①这是我们以往的做法，现在已经不这样做了。 ②以往她都是自己来，不知为什么今天带上了孩子。
全自动	quán zì dòng	①我家买了一台全自动洗衣机。 ②现在很多家用电器都是全自动的，很方便。
智能	zhì néng	①我们用的几乎都是智能手机。 ②智能公交系统可以告诉我们要坐的公交车什么时候到。
实时	shí shí	①关于疫情的数据每天实时更新。 ②我们将对这次活动进行实时报道。
监测	jiān cè	①气象监测系统二十四小时监测天气变化情况。 ②这种无人机可全方位实时监测交通状况，发现问题会及时报告。

词语	拼音	例句
反馈	fǎn kuì	①新产品的市场反馈怎么样？ ②老师及时给家长反馈了孩子在校的情况。
模式	mó shì	①新的教学模式很受学生欢迎。 ②我们应该学习先进企业的管理模式。
说了算	shuō le suàn	①在我们家，我说了算。 ②这件事，你说了不算，得听班长的。
威胁	wēi xié	①大气污染威胁着人类健康。 ②他用这样的话威胁我，但我并不在意。
无人机	wú rén jī	①这张风景照是用无人机拍的。 ②无人机在生活中发挥的作用越来越大。
限制	xiàn zhì	①明天市内部分路段限制车辆通行。 ②作文字数不限制，你写多少都可以。
栽培	zāi péi	①我们要学习先进的栽培技术。 ②感谢老师对孩子的精心栽培。

学课文

高科技给我们的生活带来了很多令人惊喜的变化，在农业领域也不例外。例如，以往农民都是根据天气情况来判断该不该浇地，该不该施肥，而且浇地和施肥是分开的，费时费力，而现在的全自动水肥一体机则是通过智能系统，实时监测土壤的水分情况，反馈给系统并自动控制灌溉模式，一切都是机器说了算。以前给农作物喷洒农药都是靠人工，不仅慢，还对人体健康有一定的威胁，而现在用无人机喷洒农药，不受地形限制，效率高，而且更安全。还有智能温室、无土栽培等，可举的例子太多了。高科技已经走进了我们的农田。

做练习

一、说一说

1. 完成会话。

A：受到病虫害影响怎么办？

B：一定要提前________，根据不同的________，喷洒对应的________。

A：我买了防治病虫害的农药。

B：你需要将农药和水按照________上的比例调配好，然后喷洒。

A：怎么没施化肥？

B：________环保。

A：有机肥的优点是什么？

B：________对作物好，________对土地好。

A：灌溉要注意什么？

B：________________。

A：做什么事都要适度。

A：你知道哪些农业领域的高科技？

B：农业领域的高科技很多，例如，________________。

2. 和同学一起用学过的内容编一段关于科学种田的对话（不少于2分钟），并到教室前面表演。

二、写一写

1. 给下列词语标拼音。

（　　）	（　　）	（　　）	（　　）
枯萎	提前	预防	根据
（　　）	（　　）	（　　）	（　　）
混合	造成	降解	尽量
（　　）	（　　）	（　　）	（　　）
浇地	讲究	智能	限制

2. 看拼音写字。

hài	míng	yǔ	nóng
病虫（　　）	（　　）智	未（　　）绸缪	（　　）药
àn	lì	lìng	dàn
（　　）照	比（　　）	（　　）外	（　　）愿
huán	shì	jīng	shuō
（　　）保	（　　）度	（　　）喜	（　　）了算

3. 在写字本上写本单元的生字。

三、答一答

1. 喷洒农药时要注意什么？

2. 灌溉要讲究什么原则？

3. 施有机肥有什么好处？

4. 庄稼发生了病虫害应该怎么处理？

5. 你家种的是什么？请与大家分享一下你的种田经验。

扫一扫，听录音

美好知识窗

长江三峡

长江三峡是世界上最大的峡谷之一，西起重庆市奉节县白帝城，东至湖北宜昌市南津关，全长193千米，包括瞿塘峡、巫峡和西陵峡。长江三峡两岸崇山峻岭，悬崖绝壁，风光奇绝，自古以来就被很多文人墨客吟诵。唐代诗人李白那首著名的《早发白帝城》描写的就是三峡的景象。

如今，新建的三峡水利枢纽工程更是让三峡风光锦上添花。

第 9 单元 乡村事务

第 1 课 我打听一下低保的事

第 1 课时

学词语

词语	拼音	例 句
打听	dǎ ting	①我打听一下，这里有没有一个叫王芳的人？ ②这个消息我也不确定，你最好再向别人打听打听。
低保	dī bǎo	①“低保”是居民最低生活保障的简称。 ②您把材料准备好后，可以到乡政府办理领取低保手续。
申请	shēn qǐng	①我想申请当环保宣传志愿者。 ②学校已经批准了你的休学申请。
解释	jiě shì	①老师解释了以后，我就明白了。 ②我解释一下这件事，希望你不要误会。
逐条	zhú tiáo	①我逐条对照，看是否符合要求。 ②我们对查找出的问题逐条梳理，并拿出了解决方案。
符合	fú hé	①这些工厂都不符合环保要求，已经被关停了。 ②符合入学条件的儿童都应该入学接受义务教育。
针对	zhēn duì	①这个好政策就是专门针对农村妇女儿童的。 ②村委会专门针对这些农业技术问题邀请了大学的专家来授课。
居民	jū mín	①这个图书馆对小区内的全体居民开放。 ②每一个居民都应该爱护小区环境，对垃圾进行分类投放。
保障	bǎo zhàng	①宪法是保障公民权利的根本大法。 ②有低保后，大爷的生活有了保障。

词语	拼音	例　句
踏实	tā shi	①他是一个踏实肯干的人。 ②孩子怎么还没回家？我心里很不踏实。
材料	cái liào	①申请材料明天交。 ②这个杯子是用什么材料做的？

学会话

李大爷来村委会咨询低保的事，村委会工作人员刘娜接待了他。

李大爷：你好，我打听一下低保的事，什么情况才能申请低保呢？

刘　娜：李大爷您好，这是申请低保的条件，请您先看一下。

李大爷：我还是不太明白，你能给我解释一下吗？

刘　娜：没问题，我给您逐条解释一下。

……

李大爷：听完你的解释，我看我都符合。

刘　娜：对，您这样的情况可以直接申请。

李大爷：我就是有点儿不好意思。

刘　娜：李大爷，这没什么不好意思的。低保就是政府针对低收入居民推出的一项社会保障制度。国家想让每个人都过上好日子。

李大爷：这样我就踏实了。那我这就去准备材料。

做练习

一、说一说

1. 根据情景完成会话。

（关于低保）

A：低保是什么？

B：是居民最低生活________的简称，是政府________低收入居民推出的一项制度。

（低保咨询）

A：我想________低保，可以吗？

B：这是________________，请您先看一下，只要符合，都可以。

2. 根据提示完成会话。

A：老师，我还是不太明白，________________？（解释）

B：没问题。

A：从招聘广告上看，这个公司真不错，我想去试试。

B：________________？（符合）

3. 请和你的同学一起到教室前面表演前两题的对话。

二、连一连

低保	fú hé
申请	bǎo zhàng
符合	dī bǎo
针对	shēn qǐng
保障	zhēn duì

三、写一写

保

申

居

四、做一做

1. 回家后请和家人模拟课文进行练习，并拍下视频发到班级群里。
2. 请用手机编辑文字“我想打听一下低保的事”发到班级群里。
3. 在写字本上写本课生字。

五、读一读

不耻（chǐ）下问

周代的卫国有个大夫（古代官名）叫孔圉（yǔ），他虚心好学，为人正直。孔圉死后，卫国的国君为了让后人学习和发扬他好学的精神，特别赐给他谥（shì）号“文”。

孔子的学生子贡有些不服气，于是就去问孔子，为什么孔圉可以被称为“文”。孔子回答道：“敏而好学，不耻下问，是以谓之‘文’也。”意思是说，孔圉聪明又勤学，不以向职位比自己低、学问比自己差的人请教为耻辱，所以可以用“文”作为他的谥号。

【不耻下问】指不以向职位比自己低、学问比自己差的人请教为耻辱。形容虚心好学。

扫一扫，听录音

第 9 单元 乡村事务

第 2 课 证件都复印好了

第 2 课时

学词语

词语	拼音	例句
齐	qí	①人都到齐了吗? ②考试要用的东西都带齐了吗?
相关	xiāng guān	①这件事和他完全不相关。 ②晚会节目明天排练，请相关人员做好准备。
证件	zhèng jiàn	①身份证等个人证件要妥善保管。 ②医务工作者凭有效证件免费入园。
复印	fù yìn	①这些材料都需要复印。 ②提交复印件就可以了。
证明	zhèng míng	①我需要开一个收入证明。 ②事实证明，那种做法是错误的。
开	kāi	①请给我开一张发票。 ②请帮我开一个介绍信。
办公室	bàn gōng shì	①你在哪个办公室? ②村主任就在办公室，你去吧。
一式两份	yí shì liǎng fèn	①申请书一式两份，都要提交。 ②本合同一式两份，甲、乙双方各执一份。
举手之劳	jǔ shǒu zhī láo	①对他而言，这就是举手之劳。 ②随手关灯只不过是举手之劳，却非常有利于环保。

学会话

李大爷来村委会交申请低保的材料。

刘　娜：李大爷您好，来办什么事？

李大爷：小刘，还是申请低保的事，你帮我看看材料齐了没。

刘　娜：相关证件都复印好了吗？

李大爷：都复印好了。

……

刘　娜：李大爷，还差一个收入证明。

李大爷：收入证明在哪里开？

刘　娜：在对面第二间办公室开。

李大爷：收入证明也要一式两份吗？

刘　娜：对。这样吧，我带您去开。

李大爷：那谢谢你了。

刘　娜：举手之劳，不用客气。

做练习

一、说一说

1. 根据情景完成会话。

（办理申请低保手续）

A：相关________都带齐了吗？

B：就________一个证明了。

（办理申请低保手续）

A：复印件都需要一式________吗？

B：是的。

2. 根据提示完成会话。

A：________________？（齐）

B：李雪还没来。

A：身份证是要原件还是________？（复印）

B：都需要。

A：您好，________________？（开）

B：请问发票抬头是什么？

3. 请和你的同学一起到教室前面表演前两题的对话。

二、连一连

证件	zhèng míng
证明	jǔ shǒu zhī láo
复印	zhèng jiàn
相关	fù yìn
举手之劳	xiāng guān

三、写一写

证

办

份

四、做一做

1. 回家后请和家人模拟课文进行练习，并拍下视频发到班级群里。

2. 请用手机编辑文字“证件都复印好了，就差一个收入证明了”发到班级群里。

3. 在写字本上写本课生字。

五、读一读

闻鸡起舞

传说东晋将领祖逖（tì）年轻时就很有抱负，每次和好友刘琨（kūn）谈论时局时，总是慷慨激昂。为了报效国家，他们在半夜一听到鸡鸣就披衣起床，拔剑练武。冬去春来，寒来暑往，从不间断。功夫不负有心人，经过长期的刻苦学习和训练，他们终于成为能文能武的全才，既能写得一手好文章，又能带兵打胜仗。祖逖被封为镇西将军，实现了他报效国家的愿望。刘琨做了都督，兼管三州的军事，也充分发挥了他的文才武略。

【闻鸡起舞】原意为听到鸡叫就起来舞剑，后比喻有志报国的人及时奋起。

扫一扫，听录音

第 9 单元 乡村事务

第 3 课 请您在这里签字

第 3 课时

学词语

词语	拼音	例 句
程序	chéng xù	①公事要按照程序办理，不能随意。 ②去医院看病要先挂号，这是程序之一。
如实	rú shí	①请如实回答申请表上的问题。 ②请把昨天的情况如实告诉我。
回答	huí dá	①谁能回答老师的问题？ ②我问你，你怎么不回答？
签字	qiān zì	①你在这儿签个字。 ②这个申请表需要领导签字。
核实	hé shí	①我们会认真核实相关情况。 ②产品是不是有质量问题，请质检部门马上核实。
工作日	gōng zuò rì	①我们两个工作日后给您答复。 ②这项业务工作日才能办理，周末我们不办公。

学会话

李大爷在开收入证明。

李大爷：你好，我想开个申请低保的收入证明。

办事员：好的。按照开证明的程序，我这里有几个关于您家庭收入的问题问您，请您如实回答。

……

李大爷：我家的收入情况就是这样的。

办事员：好的，请您在这里签字。

李大爷：那什么时候可以拿到证明？

办事员：我们会对您的情况进行核实，三个工作日后请您来取收入证明吧。

李大爷：谢谢。

做练习

一、说一说

1. 根据情景完成会话。

（开收入证明）

A：开收入证明需要提供什么材料？

B：据我所知，要提供________。

（开收入证明）

A：按照开收入证明的程序，________。

B：好的，请问吧。

2. 根据提示完成会话。

A：________。（如实）

B：没问题。

A：我什么时候可以拿到新的身份证？

B：＿＿＿＿＿＿＿＿＿＿。（工作日）

3. 请和你的同学一起到教室前面表演前两题的对话。

二、连一连

程序	hé shí
如实	huí dá
签字	chéng xù
回答	qiān zì
核实	rú shí

三、写一写

程

实

签

四、做一做

1. 回家后请和家人模拟课文进行练习，并拍下视频发到班级群里。
2. 请用手机编辑文字“请您在这里签字”发到班级群里。
3. 在写字本上写本课生字。

五、读一读

举一反三

有一天，孔子对他的学生说："举一隅（yú），不以三隅反，则不复也。"意思是说，我举出一个墙角，你们应该能灵活地推想到另外三个墙角，如果不能的话，我也不会再教你们了。后来，孔子说的这段话演变成了"举一反三"这个成语，意思是，学一个道理，应该灵活地思考并运用到其他类似的事物上。

【举一反三】反：推及，推论。形容善于类推，能触类旁通。

扫一扫，听录音

第9单元 乡村事务

第4课 得按照程序办理

第4课时

学词语

词语	拼音	例句
齐全	qí quán	①超市里的货物品种十分齐全。 ②妈妈早就把过冬用的衣物准备齐全了。
领	lǐng	①每人一瓶消毒液，到村委会去领。 ②这笔钱现在还不能领，要等手续都办完以后才可以。
审查	shěn chá	①我们要审查材料是否真实。 ②请出示您的身份证，配合我们的审查工作。
民主	mín zhǔ	①请大家进行民主投票。 ②李主任作风民主，所有重大村务都是村委会集体研究决定的。
评议	píng yì	①政府服务水平怎么样？请您来评议。 ②是否要实行这项规定，村委会要组织大家进行民主评议。
初审	chū shěn	①初审就是初步的审查、审议。 ②初审通过之后就是复审环节。
审批	shěn pī	①开办工厂需要经过国家有关部门审批。 ②这些产品要经过国家有关部门审批后才能进入市场。
权益	quán yì	①受教育权是公民的基本权益。 ②消费者要懂得保护自己的权益。
有道理	yǒu dào lǐ	①你说得有道理。 ②你这样做没有道理，大家不会支持的。

学会话

李大爷拿到收入证明后提交低保申请材料。

刘　娜：李大爷，您来啦！

李大爷：我今天过来交申请低保的材料，你看这次都齐了吧？

……

刘　娜：李大爷，我检查过了，材料都齐全了。

李大爷：那太好了。我什么时候可以领到低保金呢？

刘　娜：李大爷，接下来会进行材料审查和民主评议，大概三个工作日后我们会通知您初审的结果。如果初审通过，我们再把材料递交到乡政府，材料审查通过后再递交到县政府。这样层层审批通过后才可以领到低保金。

李大爷：怎么这么麻烦？

刘　娜：李大爷，得按照程序办理，这样才能保证公平，才能更好地保护您的权益。

李大爷：你说得有道理。

做练习

一、说一说

1. 根据情景完成会话。

（交材料）

A：材料带________了吗？

B：带________了。

（谈论低保申请）

A：你知道申请低保有哪些程序吗？

B：这个我最清楚，________________，________________，________________，________________。

2. 根据提示完成会话。

A：________________？（齐）

B：放心吧，我又不是第一次出远门。

A：办理这个手续要好几天，为什么这么久？

B：因为材料要审核，________________。（程序）

3. 请和你的同学一起到教室前面表演前两题的对话。

二、连一连

领	shěn pī
齐全	quán yì
民主	qí quán
审批	lǐng
权益	mín zhǔ

三、写一写

领										
审										
评										

四、做一做

1. 回家后请和家人模拟课文进行练习，并拍下视频发到班级群里。
2. 请用手机编辑文字“按照程序办理才能保证公平”发到班级群里。
3. 在写字本上写本课生字。

扫一扫，听录音

五、读一读

胸有成竹

宋代有个著名的画家叫文与可。文与可特别擅（shàn）长画竹子，他画的竹子栩（xǔ）栩如生。为了画好竹子，他在自己房前屋后种了许多竹子，一年四季他都在仔细观察竹子的形态和变化，所以画竹子时他的胸中已经有了十分生动、逼真的竹子的形象了。

【胸有成竹】成：现成。比喻在做某事之前，已有了充分的准备和把握。也作“成竹在胸”。

第 9 单元　乡村事务

第 5 课　为人民服务

第 5 课时

学词语

词语	拼音	例　句
百姓	bǎi xìng	①百姓事，无小事。 ②让百姓生活幸福是最重要的工作目标。
服务	fú wù	①很高兴为您服务！ ②这家饭店的服务水平很高。
作为	zuò wéi	①你可以把今天作为自己人生的新起点。 ②作为学生，我当前的主要任务就是学习。
信条	xìn tiáo	①“完善自己，成就别人”，这是我的人生信条。 ②做事情时，要把“踏实认真”作为自己的信条。
谋事	móu shì	①我外出谋事，母亲一人在乡下。 ②自古道：“谋事在人，成事在天。”
调解	tiáo jiě	①经班主任调解，她俩和好了。 ②经调解，他们之间的误会消除了。
纠纷	jiū fēn	①这起纠纷终于解决了。 ②一件小事引起了邻居之间的纠纷。
安康	ān kāng	①衷心祝愿您和家人幸福安康！ ②恭祝全体教育工作者教师节快乐安康！
和谐	hé xié	①我们要为建设和谐社会而努力。 ②同事们之间关系非常和谐、融洽。
美满	měi mǎn	①她有一个美满的小家庭。 ②祝二位新人和谐美满、幸福永远！

学课文

百姓事无小事。村委会的工作人员要把为人民服务作为工作的信条，真正做到为民谋事、为民办事，解决百姓生活中的困难，调解百姓间的纠纷，使村民人人幸福安康，家家和谐美满。

做练习

一、说一说

1. 完成会话。

（咨询低保）

A：我想________低保，可以吗？

B：这是________________，请您先看一下，只要符合，都可以。

（办理低保）

A：复印件都需要一式________吗？

B：是的。

（交材料）

A：材料带________了吗？

B：带________了。

A：这些规定我不太明白，________________？（解释）

B：没问题。

A：您好，请给我________。（开）

B：请问发票抬头是什么？

A：什么时候通知审查结果？

B：________。（工作日）

2. 和同学一起用学过的内容编一段去村委会办事的对话（不少于2分钟），并到教室前面表演。

二、写一写

1. 给下列词语标拼音。

（　　）	（　　）	（　　）	（　　）
低保	解释	符合	相关
（　　）	（　　）	（　　）	（　　）
复印	证明	一式两份	程序
（　　）	（　　）	（　　）	（　　）
如实	工作日	齐全	有道理

2. 看拼音写字。

ting	shēn	duì	jū
打（　　）	（　　）请	针（　　）	（　　）民
cái	zhèng	bàn	shǒu
（　　）料	（　　）件	（　　）公室	举（　　）之劳
zì	qí	zhǔ	xìng
签（　　）	（　　）全	民（　　）	百（　　）

3. 在写字本上写本单元的生字。

三、答一答

1. 什么是低保？谈谈你对低保的看法。
2. 怎么申请低保？
3. 你怎么理解按照程序办事？
4. 你在村委会办过什么手续？请描述一下。
5. 如果你是村干部，你会为村民做什么呢？

扫一扫，听录音

美好知识窗

安徽黄山

黄山位于安徽省南部黄山市境内，原名“黟（yī）山”，因峰岩青黑，遥望苍黛而得名。后因传说轩（xuān）辕（yuán）黄帝曾在此炼丹，故改名为“黄山”。黄山有72峰，主峰莲花峰海拔1864米，与光明顶、天都峰并称黄山三大主峰。黄山的奇松、怪石、云海、瀑布等景观最为有名。著名的迎客松是黄山景观的代表。

有资料记载，明代旅行家徐霞客登临黄山时曾赞叹：“薄海内外之名山，无如徽之黄山。登黄山，天下无山，观止矣！”后被人引申为“五岳归来不看山，黄山归来不看岳”。黄山风景之美由此可见。

黄山1990年被列入《世界遗产名录》。

第 10 单元 娱乐生活

第 1 课 重在参与

第 1 课时

学词语

词语	拼音	例句
晚会	wǎn huì	①村里要举办一个中秋晚会。 ②除夕晚上大家都在看中央台的春节晚会。
表演	biǎo yǎn	①他表演了独唱。 ②这个歌手的表演非常精彩。
报名	bào míng	①我想报名参加这个活动。 ②你帮我也报个名，我也参加。
踊跃	yǒng yuè	①大家发言非常踊跃。 ②适龄青年踊跃报名参军。
连……都……	lián…dōu…	①他急急忙忙走了，连饭都没吃。 ②别说去乌鲁木齐了，他连县城都没去过。
隔壁	gé bì	①隔壁班比我们学得快。 ②他就住在我的隔壁，我们是邻居。
能歌善舞	néng gē shàn wǔ	①维吾尔族是个能歌善舞的民族。 ②这些孩子能歌善舞，非常有才气。
多才多艺	duō cái duō yì	①选手们个个多才多艺，比赛竞争很激烈。 ②小李多才多艺，歌唱得好，琴弹得好，还能写一手漂亮的毛笔字。
拿手	ná shǒu	①尝尝我的拿手菜。 ②他唱这首歌最拿手，你听。

词语	拼音	例句
重在参与	zhòng zài cān yù	①比赛结果不重要，重在参与。 ②你也报个名吧，重在参与嘛！
再说	zài shuō	①我不想去，再说我也没时间去，你就别劝我了。 ②这个包质量一般，价钱也不便宜，再说你也不着急用，我建议你现在别买了。
回头	huí tóu	①回头我请你吃饭。 ②这事咱们回头再说吧。
参谋	cān móu	①我穿这件衣服怎么样？你给我参谋参谋。 ②学什么专业好，你可以让你表哥给参谋一下。

学会话

元旦快到了，村里准备举办元旦晚会。

王　丽：张姐，今年元旦晚会表演开始报名了，您报名了吗？

张　艳：还没有，我打算明天去村委会看看。你呢？

王　丽：我今天上午去了。大家报名特别踊跃，连隔壁李大爷都报了名。

张　艳：李大爷能歌善舞，京剧也唱得特别好。你打算报什么？

王　丽：大家都多才多艺，我也没什么拿手的。张姐，我唱个歌吧，您说行不行？

张　艳：怎么不行？重在参与嘛！再说你唱得不错，我

　　　　听过。

王　丽：那我好好挑一首，回头您给参谋参谋。

做练习

一、说一说

1. 根据情景完成会话。

（谈论节日活动）

A：________快到了，村里打算举办________________庆祝一下。

B：太好了！在哪里？

A：就在________________。

（在表演报名处）

A：您报什么节目？

B：________________。

A：好的，我记下了。谢谢您的参与。

2. 根据提示完成会话。

A：我________明天去报名。

B：我也是。

打算	计划	想	准备

A：她穿的衣服都是她自己做的？

B：是啊，________________。（连……也……）

A：她的手可真巧啊！

A：为什么要去黄山旅游呢？

B：________________，________________________。

（再说）

3. 请和你的同学一起到教室前面表演前两题的对话。

二、连一连

表演	néng gē shàn wǔ
报名	cān móu
参谋	biǎo yǎn
能歌善舞	duō cái duō yì
多才多艺	bào míng

三、写一写

报

艺

与

四、做一做

1. 回家后请和家人模拟课文进行练习，并拍下视频发到班级群里。
2. 请用手机编辑文字“重在参与”发到班级群里。
3. 在写字本上写本课生字。

五、读一读

争先恐后

春秋时期，赵襄（xiāng）子请驾车能手王子期教他驾车技术。学了一段时间后，他们进行比赛。王子期镇定自若，赵襄子非常紧张，眼睛一直盯着王子期，结果输了。赵襄子不服，换了马接着比，结果比了三次都输了。

赵襄子责备王子期：“你教我驾车，为什么不将真本领教给我呢？”王子期说：“驾车的技术我已经都教给您了，只是您运用上有毛病。驾车最重要的是协调好马和车。而您在比赛中，只要落后就使劲鞭打马，拼命想超过我；一旦超过，又时时回头看我，恐怕落后。其实，比赛中有时在前，有时落后，都是很自然的。可是，不论在前还是落后，您的心思都在我身上，又怎么能协调好车和马呢？这就是您落后的原因啊。”

【争先恐后】争着向前，唯恐落后。

扫一扫，听录音

第 10 单元 娱乐生活

第 2 课 咱们把场地布置一下

第 2 课时

学词语

词语	拼音	例　　句
麦克风	mài kè fēng	①他在拿着麦克风讲话。 ②这个麦克风的声音太小了。
舞台	wǔ tái	①孩子们在舞台上表演着舞蹈。 ②在人生的大舞台上，每个人都是主角。
偏	piān	①钟表挂得有点儿偏了，再往右一些。 ②我的血压，低压有些偏高，高压还可以。
彩带	cǎi dài	①新房里挂了很多彩带。 ②大楼的外墙上挂满了彩带。
够	gòu	①你跳一下就够到了。 ②孩子够不着衣架上的衣服。
人手	rén shǒu	①你们缺不缺人手？ ②我们人手不够，你快来帮帮忙。
场地	chǎng dì	①我们想跳广场舞，可没有合适的场地。 ②大楼外的小广场早已成了孩子们玩耍的场地。
布置	bù zhì	①我把会场布置好了。 ②经过我们的精心布置，新房变得漂亮又温馨。
观众席	guān zhòng xí	①观众席坐满了人。 ②请您在观众席就座。
摆放	bǎi fàng	①书架上的书要摆放整齐。 ②桌子中间摆放着一大束鲜花。

词语	拼音	例　句
众人拾柴火焰高	zhòng rén shí chái huǒ yàn gāo	①有困难大家一起解决，众人拾柴火焰高嘛！ ②中国有句老话"众人拾柴火焰高"，团结的力量最强大。

学会话

村委会工作人员刘娜和李技术员在布置元旦晚会场地。

李技术员：刘娜，这个麦克风放到舞台中间还是偏右的位置？

刘　　娜：放到中间吧，音响放到偏右的位置。小李，帮我把彩带挂一下，我够不到上面的钩子。

李技术员：刘姐，你下来吧，我来挂。

李　　刚：还是我来吧。

刘　　娜：李刚、丽丽，你们怎么来了？

王　　丽：我想你们这时肯定缺人手，我们俩就过来了。咱们一起把场地布置一下吧。

刘　　娜：太好了！你俩来得正是时候。李刚你把观众席的椅子摆放整齐，丽丽帮忙把这些气球吹起来吧。

李技术员：真是"众人拾柴火焰高"啊！

做练习

一、说一说

1. 根据情景完成会话。

（春节晚会之前）

A：晚会的场地怎么布置比较好呢？

B：把________摆在________，把________挂到________，

再把________________，最后再________________。

（挂钟表）

A：你看下钟表挂正了吗？

B：没有，________________。

2. 根据提示完成会话。

A：是丽丽呀！快请进！

B：________________，________________。（是时候）

A：需要帮助吗？

B：________________，________________。（缺人手）

3. 请和你的同学一起到教室前面表演前两题的对话。

二、连一连

舞台	mài kè fēng
布置	bǎi fàng
摆放	wǔ tái
彩带	cǎi dài
麦克风	bù zhì

三、写一写

彩											
场											
摆											

四、做一做

1. 回家后请和家人模拟课文进行练习，并拍下视频发到班级群里。
2. 请用手机编辑文字“你俩来得正是时候”发到班级群里。
3. 在写字本上写本课生字。

五、读一读

同甘共苦

战国时期，燕国太子姬（jī）平继承了王位，称燕昭（zhāo）王。当时，举国萧条，百废待兴，燕昭王有些束手无策。于是他请来谋士郭隗（wěi），诚恳地对他说：“你能否帮我找一些有才能的人来治理国家？”郭隗说：“您诚心寻找有才能的人，就应该亲自登门拜访，这样，天下的有志之士才能聚集到燕国来辅佐您。”燕昭王说：“那我该先找谁才好呢？”郭隗回答：“您就先重用我这个本事平平的人吧，天下的能人见您对我这样的人都如此重用，他们一定会来投奔您的。”燕昭王立刻拜郭隗为师，并为他造了一幢漂亮的住宅。

燕昭王真心求贤的消息慢慢传开了，乐毅、邹衍、剧辛等有才华的人纷纷来到燕国，为燕昭王效力。燕昭王十分高兴，个个委以重任，并关怀备至。

燕昭王还与百姓同享安乐，共度苦难二十八年，终于把燕国治理得国富民强。燕昭王因此受到举国上下的一致拥戴。

【同甘共苦】甘：甜的。比喻同享欢乐，共度困难。

扫一扫，听录音

第 10 单元 娱乐生活

第 3 课 节目个个都很精彩

第 3 课时

学词语

词语	拼音	例　句
节目	jié mù	①你表演什么节目？ ②今年的春节晚会都有什么节目？
精彩	jīng cǎi	①看到精彩处大家都鼓起了掌。 ②节目很精彩，村民们都很高兴。
京剧	jīng jù	①梅兰芳先生是京剧表演艺术家。 ②京剧爱好者以北京为中心，遍及全国。
字正腔圆	zì zhèng qiāng yuán	①他的普通话说得字正腔圆，非常标准。 ②这位京剧大师唱得字正腔圆，表演也很精彩。
过瘾	guò yǐn	①炎热的夏天喝一杯冷饮，那感觉太过瘾了。 ②音乐会上听到了很多经典歌曲的原唱，观众们直呼过瘾。
台上一分钟，台下十年功	tái shàng yì fēn zhōng，tái xià shí nián gōng	①俗话说：台上一分钟，台下十年功。 ②“台上一分钟，台下十年功”，演员的一招一式都是长年苦练出来的。
魔术	mó shù	①我给你表演一个魔术。 ②魔术表演很精彩，观众们大声叫好。
神奇	shén qí	①大自然中有很多神奇的现象。 ②我给你讲一次我的神奇经历。

词语	拼音	例句
打扮	dǎ ban	①这身打扮很适合你。 ②你今天打扮得真漂亮。
一模一样	yì mú yí yàng	①他和他爸爸长得一模一样。 ②我们村的情况和你们村一模一样。
主持	zhǔ chí	①会议由村支书主持。 ②晚会的主持人又年轻又漂亮。
候场	hòu chǎng	①演员都在后台候场。 ②运动员都在这里候场。
紧张	jǐn zhāng	①别紧张，放松。 ②我上台后太紧张了，一句话也说不出来。

学会话

李刚与王丽在观众席看表演。

李　刚：节目个个都很精彩啊！

王　丽：是啊，我觉得李大爷的京剧唱得最好，字正腔圆，听得真过瘾。

李　刚：“台上一分钟，台下十年功”，人家李大爷天天唱，天天练呢。

王　丽：李技术员的魔术也不错，他是怎么把手里的苹果变没的？真是太神奇了！

李　刚：你看他那身打扮真跟魔术师一模一样。

王　丽：刘娜主持得也不错，以前怎么没发现她有主持才能呢？

李　刚：下下个节目该你了吧？

王　丽：可不是嘛！我得去候场了。

李　刚：别紧张，加油！

做练习

一、说一说

1. 根据情景完成会话。

（谈论晚会）

A：今年的春节晚会怎么样？

B：________________。

（谈论表演）

A：这位表演艺术家________________。

B：是啊，台上________，台下________。

2. 根据提示完成会话。

A：________________怎么样？

B：________________，________________。（过瘾）

A：________________？（一模一样）

B：因为他们是双胞胎啊！

3. 请和你的同学一起到教室前面表演前两题的对话。

二、连一连

节目	zhǔ chí
精彩	shén qí
京剧	jīng jù
神奇	jié mù
主持	jīng cǎi

三、写一写

精

台

奇

四、做一做

1. 回家后请和家人模拟课文进行练习，并拍下视频发到班级群里。
2. 请用手机编辑文字“台上一分钟，台下十年功”发到班级群里。
3. 在写字本上写本课生字。

五、读一读

画龙点睛

南北朝时期有个画家叫张僧繇（yáo）。传说张僧繇在一面墙壁上画了四条龙，但都没画眼睛。大家问他为什么不画眼睛，他回答：“有了眼睛，龙会飞走的。”人们以为他说大话，他只好为两条龙画上眼睛。刚画好，只见雷电破壁，两条龙腾空而去，墙上只剩下没有眼睛的两条龙。

【画龙点睛】比喻写文章或讲话时，加上一两句关键的话会使内容更精辟有力。

扫一扫，听录音

第 10 单元 娱乐生活

第 4 课 大奖花落谁家

第 4 课时

学词语

词语	拼音	例句
赶上	gǎn shàng	①我快走了几步才赶上他。 ②我儿子才十一岁，个子快赶上我了。
自娱自乐	zì yú zì lè	①他经常在家唱卡拉 OK，自娱自乐。 ②跳广场舞的大妈们自娱自乐，心态和身体都非常好。
罢了	bà le	①不过是五块钱罢了，你别太计较。 ②不用谢，我只是做了我该做的罢了。
颁奖	bān jiǎng	①我们请刘老师给获奖同学颁奖。 ②今天的颁奖嘉宾是我们尊敬的刘老师。
环节	huán jié	①运动前应该有一个热身环节。 ②读课文是语文课上的重要环节。
佳	jiā	①她是今天的最佳歌手。 ②这次活动他的表现最佳。
液晶	yè jīng	①电视屏幕是液晶的。 ②这是个液晶显示器。
……等奖	…děng jiǎng	①这次画画比赛，他得了一等奖。 ②特等奖的奖品是一套百科全书。
猜	cāi	①你猜我是谁。 ②你猜这个电视剧最后的结局是什么。

词语	拼音	例　句
掌声	zhǎng shēng	①我们把掌声送给获奖者。 ②他的表演赢得了大家的掌声。
热烈	rè liè	①热烈欢迎英雄回家！ ②她给了我一个热烈的拥抱。
要我说，……	yào wǒ shuō, …	①要我说，这件事的确怪你。 ②要我说，你还是别参加了。
八成儿	bā chéngr	①这么晚还没来，他八成儿是病了。 ②我觉得她听说这件事后八成儿会生气。
拭目以待	shì mù yǐ dài	①结果怎么样，让我们拭目以待。 ②你能不能考上市重点中学，我们拭目以待。
花落谁家	huā luò shéi jiā	①这项比赛的大奖花落谁家谁也不知道。 ②今年的电影节最佳影片花落谁家难以预料。

学会话

晚会表演结束，开始颁奖环节。

张　艳：丽丽，你唱得真好，快赶上专业歌手了！

王　丽：张姐，您过奖了！我只是自娱自乐罢了。

张　艳：马上就是颁奖环节了。我听说今年的最佳表演奖是一台液晶电视。

王　丽：我也听说了，去年是一台电风扇，今年电风扇成二等奖了。

张　艳：你猜谁会得最佳表演奖。

王　丽：我猜是李大爷，他唱完后台下观众的掌声最热烈。

张　艳：要我说，八成儿就是你了。

王　丽：我差得远呢！除了李大爷，李技术员的魔术、小美的舞蹈都不错。

张　艳：大奖花落谁家，让我们拭目以待吧。

做练习

一、说一说

1. 根据情景完成会话。

（颁奖前）

A：你演得真不错！

B：您＿＿＿＿＿＿＿＿＿＿！我＿＿＿＿＿＿＿＿＿＿。

A：一等奖＿＿＿＿＿＿＿＿＿＿？

B：听说是＿＿＿＿＿＿＿＿＿＿。

（颁奖）

A：现在颁的是什么奖？

B：＿＿＿＿＿＿＿＿＿＿奖。

A：你猜＿＿＿＿＿＿＿＿＿＿。

B：我猜＿＿＿＿＿＿＿＿＿＿。

2. 根据提示完成会话。

A：你觉得这件事是谁的错。

B：__________，__________________。（要我说）

A：该小琴了，她怎么还不上台？

B：__________________。（八成儿）

3. 请和你的同学一起到教室前面表演前两题的对话。

二、连一连

颁奖	huán jié
环节	rè liè
掌声	shì mù yǐ dài
热烈	bān jiǎng
拭目以待	zhǎng shēng

三、写一写

奖

环

猜

四、做一做

1. 回家后请和家人模拟课文进行练习，并拍下视频发到班级群里。

2. 请用手机编辑文字“大奖花落谁家，让我们拭目以待吧”发到班级群里。

3. 在写字本上写本课生字。

五、读一读

无 价 之 宝

战国中期，魏国有一个农民在地里耕作时得到一块一尺见方的玉。他把玉献给魏王。魏王让老玉工鉴（jiàn）定，老玉工说：“恭喜大王得到了一块罕（hǎn）见的宝玉。”魏王问：“这块玉值多少钱？”老玉工说：“有钱也买不到，用五座城池的代价，也只能看一下而已。”魏王大喜，重赏了献玉的人。

【无价之宝】指极其稀有的珍贵物品。

扫一扫，听录音

第 10 单元 娱乐生活

第 5 课 幸福是什么

第 5 课时

学词语

词语	拼音	例　句
陪伴	péi bàn	①回家的路上，只有星光陪伴着他。 ②父母始终陪伴在我的身边，我感到无限幸福。
和睦	hé mù	①和睦的家庭让人羡慕。 ②他们家非常和睦，一家人从不吵架。
唯一	wéi yī	①他是我唯一的亲人。 ②这是解决这个问题唯一的办法。
答案	dá àn	①这是正确答案。 ②我们都知道答案。
在于	zài yú	①问题的关键在于他是否同意你去。 ②一年之计在于春，一日之计在于晨。
态度	tài dù	①工作人员的服务态度很好。 ②你对生活的态度决定了你是否幸福。
坎坷	kǎn kě	①人生道路上总会有坎坷。 ②他的经历坎坷，令人同情。
面对	miàn duì	①这件事之后，我无法再面对她。 ②面对激烈的竞争，我们只能勇敢前行。
积极	jī jí	①大家都积极报名参加比赛。 ②同学们回答问题都很积极。
善于	shàn yú	①这个孩子很善于思考。 ②丽丽特别善于制作手工艺品。

学课文

我常常想："幸福是什么？"有人觉得幸福是爱人的陪伴，有人觉得幸福是家庭和睦，还有人觉得幸福是儿孙满堂。其实这个问题没有唯一的答案，关键在于我们的生活态度。虽然有时候生活中充满坎坷，但只要我们微笑着面对，积极解决问题，善于发现生活中的小美好，我们就能过上自己想要的幸福生活。

做练习

一、说一说

1. 完成会话。

（在运动会报名处）

A：________________？________________？

B：我叫王子龙，报一个男子 400 米。

A：好的。谢谢________。

（运动会开始之前）

A：运动会的场地怎么布置比较好呢？

B：把________摆在________，把________放到________，

再把________________，最后再________________。

（颁奖前）

A：冠（guàn）军________________？

B：听说是一部手机。

A：谁是冠军？

B：还不知道，让我们________________________。

A：为什么要报名参加运动会呢？

B：________________，________________________。

（再说）

A：报名的人多吗？

B：多啊，________________。（连……也……）

A：需要帮助吗？

B：________________，________________________。

（是时候　缺人手）

A：篮球比赛怎么样？

B：________________，________________。（过瘾）

2. 和同学一起用学过的内容编一段关于参加活动的对话（不少于 2 分钟），并到教室前面表演。

二、写一写

1. 给下列词语标拼音。

（　　　）	（　　　）	（　　　）	（　　　）
晚会	表演	能歌善舞	拿手

(　　　　)　(　　　　)　(　　　　)　(　　　　)

舞台　布置　摆放　精彩

(　　　　)　(　　　　)　(　　　　)　(　　　　)

打扮　主持　拭目以待　和睦

2. 看拼音写字。

bào　yì　yù　chǎng

(　　　)名　多才多(　　　)　重在参(　　　)　(　　　)地

jié　qí　rè　lè

(　　　)目　神(　　　)　(　　　)烈　自娱自(　　　)

chéngr　huā　tài　xìng

八(　　　)　(　　　)落谁家　(　　　)度　百(　　　)

3. 在写字本上写本单元的生字。

三、答一答

1. 你参加过哪些活动？请说一说活动现场的情况。

2. 你在活动中获得过什么奖励？那些活动都有哪些奖励？

3. 如果让你在村里组织一次活动，你最想组织什么活动？打算怎么组织？

4. 你们村里的人多才多艺吗？请举例说一说。

5. 你心目中的幸福生活是什么样子的？

扫一扫，听录音

美好知识窗

承德避暑山庄

承德避暑山庄位于河北省承德市中心北部，是清代皇帝夏天避暑和处理政务的场所。避暑山庄始建于1703年，历经清康熙、雍正、乾隆三朝，耗时89年建成。

避暑山庄分宫殿区、湖泊区、平原区、山峦区四大部分。整个山庄东南多水，西北多山，以朴素淡雅的山村野趣为格调，取自然山水之本色，吸收江南塞北之风光，是中国自然地貌的缩影。避暑山庄是中国皇家园林艺术的杰作。

1961年，承德避暑山庄被列入第一批全国重点文物保护单位名单，与同时公布的颐和园、拙政园、留园并称为中国四大名园。1994年，承德避暑山庄被列入《世界遗产名录》。